El Gallego Corrupto,
un buen comercial

Jorge Criado Martínez

El gallego corrupto
Un buen comercial

Jorge Criado Martínez

bubok
EDITORIAL

Índice

La imagen de los comerciales, por lo general, se asocia a esos charlatanes que dedican el día a embaucar gente para venderles sus productos, los necesiten o no. Hay quien piensa que son ese tipo de personas que no saben trabajar de verdad y se ganan la vida gracias a su labia, engañando. Lo que muestra la figura del comercial como un despropósito laboral. Pero no es cierto, pues es una profesión tan honrada y loable como cualquiera, incluso bastante dura. Sobre todo para aquellos que, habiendo estudiado con intención de otro puesto, se ven obligados a desempeñar labores comerciales.

A los que piensan en los comerciales como una lacra les invito a leer este libro, con la esperanza de que modifiquen su distorsionada imagen de nosotros. Y a los que trabajáis de comerciales, sin ser vuestro objetivo, espero que os muestre el camino hacia disfrutar de una amena profesión.

Yo no estudié con la intención de llegar a ser comercial, pero llevo muchos años vendiendo, visitando clientes, realizando ofertas, defendiéndolas y consiguiendo pedidos, lo que me ha proporcionado una amplia experiencia en el mundo de las ventas. He tenido buenos y malos clientes, ventas fáciles, imposibles, arriesgadas, divertidas... de todo tipo; he compartido muchas vivencias y fantásticas experiencias con compañeros, técnicos, distribuidores, etcétera. Sin su ayuda, no habría conseguido todo lo obtenido.

Me he levantado del sofá, apagado la tele, sacado el gayumbo del culo y echado una gran meada mientras en mi mente se formaba la idea de que los comerciales somos empleados muy importantes y necesarios para una empresa, aunque las dichosas multinacionales nos vean como una cifra y consideren que otra tercera pueda diseñar un guion, a base de billetes, para que ejecutemos las órdenes y vender más, cuando la verdad es que la mayor venta la consigue quien disfruta de su profesión.

Por eso, tras los muchos años de comercial y por creer que estoy en un buen momento de mi vida, me atrevo con las páginas de este libro, a contar estas vivencias siempre con la esperanza de que mis ideas y aventuras puedan ayudar a quien las lea... o por lo menos para que le diviertan.

Presentación

Un buen día hablando con un amigo me dijo que probara a trabajar como comercial, pues me gustaba mucho charlar con la gente y no estar encerrado en una oficina. Esto me provocó un rechazo instantáneo, ¿comercial yo?, no quería serlo, no me simpatizaba la figura de esa gente, no quería parecerme a ellos. No era la salida profesional que yo deseaba. Él insistió, comenzó a contarme sus experiencias y visitas, el lado divertido de aquello. Comencé a estudiarlo viéndome en esa tesitura, yendo de un sitio a otro a intentar vender, y se me abrían las carnes, no podría hacerlo. No me veía con fuerzas para intentarlo. Pero siguió convenciéndome que probara, no perdía nada.

Comencé a mandar currículos optando para puestos de comercial, sobre todo en fuerzas de ventas, donde siempre hay demanda. Son aquellas empresas que se dedican a poner en la calle a grupos de jóvenes para intentar vender los productos de terceras compañías, de los mercados de energía y telecomunicaciones, las que más. Les dan un pequeño curso, un guion sacado de un estudio supercaro que asegura ser infalible, con lo que el trabajo de esos jóvenes se realizará solo. Porque ellos lo digan, seguro. Asignan a cada grupo una zona, barrio o pueblo para ir puerta a puerta arrasándolo todo ofreciendo los productos asignados. ¿Cuántas veces te han llamado a la puerta para venderte el cambio de compañía de gas o teléfono?

Me llamaron de una de esas fuerzas de venta después de una entrevista similar a la NASA, te hacen varios test para determinar tu perfil antes de la entrevista, pero en verdad cualquiera les vale. Quedamos en hacer «un día de prueba» y luego hablaríamos del posible contrato.

Era una fresca mañana otoñal cuando me pegué el madrugón después de un verano de zanganeo y juergas por doquier. Prepare un café bien cargado mientras sacaba del armario el único traje que tenía, de corte serio y recto, oscuro con rayas, una camisa azul celeste y una corbata a rayas. El traje típico que usamos para las bodas al ser un estudiante. Cuando te miras al espejo te sientes tan incómodo como ridículo, hasta que tu prima, la guapa, se te acerca en la iglesia y te suelta:

—¡Qué guapo estás!

Era el único traje que tenía, tocaba enfundarlo. Lo cual no fue problema porque esos veranos estudiantiles son más beber y bailar que comilonas, no como ahora. Terminé el café, me vestí y me presenté a primera hora en la puerta de la oficina. Estaba repleta de chavales como yo, intentando parecer grandes profesionales pero con cara de no saber ni qué hacíamos ni qué íbamos a hacer. Se notaban los que veníamos al «día de prueba» de los que ya llevaban tiempo trabajando allí. Cuando llegaron los jefes nos dieron un curso de una hora sobre lo que teníamos que vender y lo que teníamos que decir, como si fuéramos robots destinados a una guerra de ventas que ellos dirigían. Cuando salimos de la sala ya estaban organizados los grupos, emparejando a un novato con un experimentado.

Me tocó con un tipo decidido, un par de años más joven que yo, pero con una gran actitud. Tenía una gran sonrisa en la cara, un traje bien plantado, se veía que no era el único que tenía, y le sentaba como un guante, el jodido estaba en forma, no era un cachas pero se cuidaba y era guapete. Pero lo mejor era la confianza y familiaridad con la que hablaba, me explicaba cosas de lo que vendíamos y lo que haríamos durante la «jornada de trabajo». Me estaba dando una pereza todo aquello... Cuando comenzó el recital, entramos en un portal y llamó a la primera puerta, me quedé perplejo ante la facilidad de comunicación que tenía. Nos abrió un tipo con pocos humos que al vernos quiso despacharnos rápidamente, se notaba apresurado, pero le convenció de volver a otra hora para atendernos y quedamos emplazados a la tarde. Una tras otra fuimos por todas las puertas del edificio. Hablaba con todos con una decisión innata en él, como si les conociera de toda la vida. La tercera o cuarta puerta nos abrió una anciana muy amable y agradable que nos invitó a un café y unas magdalenas mientras rellenaban los papeles del cambio de compañía. Conseguimos, bueno él, casi la mitad del edificio, y el que no conseguíamos no presentaba problema, charlaba un rato con él y al siguiente. Incluso por la tarde volvimos y también el primero firmó.

Tuve mucha suerte con el compañero que me tocó en mi primer día. Disfruté mucho viéndole la desenvoltura con que se manejaba ante cualquier puerta de aquel edificio. Fue de gran ayuda cuando me dejó a mí iniciar una puerta y me bloqueé, pero me echó el capote y fue otro objetivo ganado, por él por supuesto, pero me hizo creer que lo había logrado yo.

Al volver a la oficina me dijo que esperase un rato en la puerta mientras él presentaba todos los contratos. Al cabo de unos quince minutos, salió uno de los que me entrevistó y me hizo pasar. Había pasado la prueba y me contrataron. Pasé un tiempo trabajando allí, en un grupo de cuatro personas cambiando de zona cada dos semanas. Nos trabajábamos todas las puertas, incluso cambiando de comercial para probar las negativas de los otros. Los cuatro nos llevábamos muy bien y compartíamos los contratos para cumplir todos los objetivos semanales. Si alguno no podía ir un día no pasaba nada, los otros le cubríamos. Nos alentábamos y ayudábamos. Si alguna mañana conseguíamos muchos contratos nos íbamos a comer y luego de botellón al parque sin hacer nada más ese día.

Como muchos comerciales, comencé en una fuerza de ventas lo cual es muy duro, pero como era joven y lleno de ganas me enseñó mucho esa experiencia. Pasando luego a otros tipos de mercados. Estuve varios años vendiendo sistemas de seguridad, cámaras, alarmas, etc. Después, por circunstancias de la vida, empecé de comercial en el sector industrial, algo más técnico donde me tocó estudiar y aprender un montón para poder desempeñar mi labor. Llegué a ser supervisor de ventas para Sudamérica, siendo el responsable de la cifra de negocio de los distribuidores de la empresa para la que trabajaba, una multinacional Alemana. Viajaba mucho por Argentina, Chile, Colombia, Ecuador, etc. También he recorrido España en coche de industria en industria, y algunos que otros lugares están en mi pasaporte sellados. Viajar es algo que siempre me ha gustado, influenciado por unos padres muy viajeros e inquietos quienes me han enseñado lo gratificante de conocer nuevos lugares y gente.

Al comenzar en el sector industrial, enfocado a la instrumentación, para los que no lo conozcan resumiré que son equipos como el contador de gas o luz de casa pero a lo bestia, en una fábrica es todo a lo grande. Hay muchas tuberías y máquinas que medir, consumos de agua, vapor, electricidad y demás, pero no quiero aburriros. Yo no estudié ingeniería y ese mundillo me venía muy grande técnicamente. Pero la picardía comercial ya estaba tan dentro de mi persona que me veía con fuerzas para comercializar cualquier producto. Incluso al otro lado del charco. Después de unos cursos en la empresa, donde no entendía nada, llegó el momento de subirme al avión, con más ganas que sabiduría. Como ya he dicho, no soy una persona de cerrarme en una oficina, y las cuentas de los distribuidores estaban en los papeles ya escritos. Por lo que yo quería trabajar con sus comerciales y no los administradores o directivos. Desde el primer viaje me dediqué a visitar a los clientes con ellos. Yo, sin tener ni idea de los productos delante del ingeniero de planta, al lado del comercial de allí sí que tenía experiencia. Me dedicaba a dar imagen y apoyo de marca, que el cliente agradecía y confraternizaba más con el distribuidor que le vendía nuestros productos. Granjeándome a mí la posibilidad de aprender mucho más rápido que de curso en curso. Le echaba morro al asunto y les pedía que me explicaran su fábrica y los usos de nuestros productos. Lo veían como un acercamiento más del fabricante del equipo que estaban utilizando y me llevaban hasta la cocina, explicándome y contándome con todo detalle para qué eran las máquinas, tuberías y demás elementos allí. Así aprendí todo lo que hoy sé del sector industrial, con el tacto directo y no en manuales.

No quiero aburriros con el resto de mi vida laboral, aunque encontraréis entre estas páginas divertidas anécdotas acontecidas durante ella. Un último apunte a mi presentación que es importante para entenderme. La gente se preguntará por qué «Corrupto» en el título del libro, con lo mal que suena esa palabra hoy en día en este país, con tanto caso de los ERE, el Noos, la Gürtel, etc. Un corrupto no está bien visto por la sociedad y por eso quiero explicar a qué viene en mi caso, independientemente de que a día de hoy, conduzco un deportivo, vivo en zona pija y hago, laboralmente, lo que me da la gana.

Todo viajante sabe lo triste que puede ser cenar solo sin nadie con quien hablar, mirando el correo en el smartphone para estar un poco conectado y no sentirse en un vacío espacio-temporal. Pero este no fue mi caso cuando llegué a Buenos Aires, la gente de allí me acogió con los brazos abiertos, siempre me cuidaban y se preocupaban por mí. Me llevaban a cenar, a tomar unas copas, siempre pendientes de que estuviera a gusto y contento. Y claro que lo estaba. Buenos Aires es una ciudad preciosa, con grandes avenidas, inmensos parques, edificios llenos de historia y encanto, y qué decir de los argentinos, muy acogedores y divertidos, carácter latino. Y si mencionamos a la argentina... mujer espectacular, presumida, muy cuidada. Vamos, que te puedes encontrar una cantidad de preciosidades, normal, no me extraña, porque cada dos cuadras te encuentras un gimnasio, y están llenos. La mujer argentina se cuida mucho, se preocupan mucho de su cuerpo y yo de mirarlo. Vas paseando y no puedes parar de ver monumentos y riquezas arquitectónicas. Además con ese acento que tienen tan suave, tan dulce, ese deje y esas palabras utilizadas tan diferentemente. Te hace que sea un placer tratar de ligar en Buenos Aires. Aunque no consigas el objetivo te habrás pasado un rato divertido hablando con las porteñas (porteño es la denominación de la gente de Buenos Aires).

El tema es que yo era joven y lleno de energías. Día tras día soportaba sin problema las largas jornadas de trabajo seguidas de las salidas nocturnas del «después», que desembocaban en resacas (ahora me duran dos o tres días hasta poder volver a salir de juerga, será la edad). Pero por aquel entonces podía con todo, trabajábamos duro, me pasaba las horas de sol, de visitas con sus comerciales, de cliente en cliente contando nuestro rollo, escuchando sus problemas y consiguiendo venderles algún producto. Se nos daba bien, pues los argentinos tienen mucha labia y yo mucho morro, era una gran combinación para conseguir vender. Como eso se nos daba bien, se sentían muy agradecidos y siempre me sacaban a cenar y de *joda* (juerga). Lo cual, estando en una ciudad como Buenos Aires es siempre un placer. Las calles llenas de gente, los bares repletos de gente sonriente y afable. En cualquier sitio podías ponerte a charlar con alguien y pasar un rato agradable, aunque yo tratara de hacerlo con alguna preciosa porteña.

Cuando uno está en su casa, en la ciudad donde trabaja y vive, no le apetece estar todo el día fuera, quieres salir de la oficina e irte al gimnasio, echar un partido de fútbol, de pádel o cualquier otro deporte e irte a casa a descansar. Pero como llegaba el «gallego» (así es como llaman a los españoles en Argentina), alguien de la empresa distribuidora tenía que acompañarme y sacarme a cenar y de *joda*, para lo cual tuvieron que organizarse. De no ser así, no aguantaban todas las noches saliendo y luego *laburando*. Tenían sus familias y sus quehaceres. Era duro para ellos tener que estar pendientes del «gallego» 24 horas al día. Entonces empezaron a turnarse y así poder salir yo todas las noches. Y como siempre alguno tenía que sacarme, me apodaron el Gallego Corrupto. Pues cada vez que iba a Buenos Aires alguien le corrompía para irnos de juerga. A veces venían casi todos, los fines de semana, pero entre semana alguno tenía que sacarme de juerga y debían relevarse o acabarían quemados. Pero la verdad es que siempre hubo alguno de ellos conmigo de juerga.

Cada vez que llamaba para avisar que iba allí, empezaban a hacer planes y seleccionar a quien corrompía cada noche, porque no perdonaba ni una en el hotel. Era joven y Buenos Aires tiene todo lo que me gusta, buena cocina, edificios encantadores, mucha historia y sobre todo, bares y bellas mujeres.

Eso fue lo que provocó el apodo del Gallego Corrupto, salir todas las noches de *joda* por Buenos Aires y que alguna de aquellas maravillosas personas me acompañase.

Por eso les doy las gracias a todos mis amigos argentinos, que hacen que tanto cariño le tenga a ese país: Dami, Maty, Leo, el Palmera, Adriana, Carolina, Alejandra, Fernando, Oscar, etc.

El comercial

El comercial dentro de una empresa es la primera línea de ataque, es la cara de la empresa, la imagen de la compañía para el cliente. Su trabajo es conseguir clientes para poder generar beneficio a la compañía, debe estar siempre listo para atender, complacer y así ganarse al cliente, porque eso es lo que hará que la compañía pueda subsistir. Si el comercial tiene clientes, tendrá ventas, el personal de administración podrá facturar, la gente de ventas internas podrá realizar ofertas y pasar los pedidos, la gente de logística y almacén podrá repartir y entregar los productos. Y así, todos los departamentos tendrán trabajo que realizar.

Pero aquí se plantea la gran duda. ¿Son necesarios los comerciales?

Hay quien cree que si se tiene un buen producto, los comerciales sobran: error. Piensan que no hacen falta y son un gasto para la compañía: falso. Evalúan su sueldo, sus gastos, comidas y cenas con clientes, alguna que otra nota de gasto no muy clara, etc. Muchos empresarios se creen que se pueden ahorrar esos gastos y obtener mayor beneficio.

—¿Para qué y por qué necesito comerciales con el gran producto que tengo?

Pues porque el comercial es el soldado para la compañía. Con una buena red de comerciales no te hace falta un buen producto, ellos lo venderán y tú obtendrás beneficio. Pero claro, si además es un buen producto y tienes buenos comerciales, te quedarás con el mercado. Pero ¿lo vas a trabajar tú, señor empresario? Claro que no, más te vale tener tu pequeño ejército de buenos comerciales si quieres alcanzar la gloria.

La gente piensa que los comerciales somos esa especie de mal trabajador que no podemos desempeñar otra labor, que tenemos que valernos de nuestra jeta para poder vivir, que nos pasamos el día comiendo con clientes y gastando el dinero de la compañía como si eso fuera un juego y no un trabajo para nosotros. La verdad es que sí que es divertido muchas veces estar con los clientes, pero también hay momentos duros, cuando te equivocas con el producto y el cliente no está contento, cuando la entrega se ha retrasado o cuando se les ha facturado mal. En esos momentos, el comercial sigue siendo la cara de la empresa y debe conseguir no perder el cliente. Y ahí es cuando debes pedir ayuda a tus compañeros para poder solucionar el problema cuanto antes y no perder el cliente, cliente al fin y al cabo de la empresa aunque seas tú quien más trates con él. Muchos de los compañeros se fijan en eso nada más, en los momentos difíciles donde necesitas de su ayuda, es cuando te tachan.

—Es que siempre vienes con problemas —suelen decir.

Obvio, es que cuando no vengo con problemas ni sabéis de mí, estoy con mis clientes, visitando, consiguiendo pedidos y vosotros realizando vuestro trabajo tranquilamente en una oficina, malpensando que el comercial estará en su casa haciendo el vago, y no es así.

Hacemos kilómetros y kilómetros de cliente en cliente consiguiendo ganarlos para que nuestros compañeros puedan realizar su trabajo tranquilamente.

Ojo, que no estoy diciendo que el comercial sea el más importante para la compañía, todos son necesarios. Sin administrativos, técnicos, y demás compañeros, el trabajo de un comercial no serviría de nada, pues su labor no se completaría. Tan importante es uno como otro. La estructura de la compañía debe estar bien cubierta por el personal necesario para que cada departamento funcione correctamente y el cliente esté satisfecho, que es lo más importante para cualquier empresa. Tener clientes satisfechos es sinónimo de continuidad de negocio.

A todos nos gusta sentirnos imprescindible, es el ego del ser humano y es normal. Pero seamos sinceros, nadie es imprescindible. Aunque muchos comerciales nos lo creemos, no lo somos, debes ser consciente de que eres una pieza del engranaje, muy importante, sí, pero no insustituible. Lo más importante es saber formar parte de la compañía y colaborar con tus compañeros, pues aunque nuestro ego este ahí, marcándote en tu interior, el trabajo de tus compañeros es tan valorable y necesario como el tuyo. Una buena organización es lo que hará grande a una empresa. Tan necesario es el comercial como el del almacén, por eso debes valorar el trabajo de los demás, ya seas comercial, financiero, de logística o cualquier puesto que desempeñes. El comercial no solo debe conocer a sus clientes y lo que les vende, sino también lo que le rodea, debe hablar con sus compañeros para entender la empresa, saber cómo se fabrica y produce lo que vende, conocer los procedimientos y protocolos de la compañía para poder dar un servicio preventa y posventa correcto. Pues no es solo la venta lo que capta y mantiene al cliente. Has de darle un buen servicio para que siga siendo cliente de la compañía y se pueda seguir realizando negocio a futuro. La buena colaboración con tus compañeros te hará dar mayor calidad al cliente, también ellos son parte importante de la venta, la preventa y la posventa. Hay muchos productos similares en el mercado pero el cliente quiere el de tu compañía gracias a la relación con el comercial, gracias al soporte técnico de la compañía, gracias a una correcta facturación por parte de administración, gracias a una entrega correcta por parte de logística, etc. El comercial será la parte más accesible para el cliente, o debería serlo si eres un buen comercial, pero necesitas de la ayuda de tus compañeros para lograr la mayor satisfacción posible del cliente.

Por muy buenísimo comercial que seas, si no tienes una colaboración efectiva de tus compañeros no lograrás tus objetivos. Pero tampoco te creas que por que seas un fiera de las ventas deben ponerte compañeros sacados de las filas del Real Madrid, nadie es perfecto ni tan excelente, no te rayes, tus compañeros son trabajadores como tú, ayúdales, colabora, enseña, aprende y todo saldrá mejor. Y si no eres comercial te digo lo mismo, no creas que los comerciales no pensamos en lo que hay después de la venta, pero a veces no nos paramos a verlo y la cagamos, habla con nosotros y explícanos qué hemos hecho mal o qué desconocemos para poder colaborar todos.

La unidad y la buena coordinación hacen una empresa sólida, con rápida y eficaz respuesta para el cliente, lo que te hará ganarlo y satisfacer correctamente sus necesidades. Y no se puede tener mejor publicidad que la de un cliente contento.

Recuerdo una vez que desde la central nos mandaron información de un equipo nuevo que sacábamos al mercado. Era un equipo de medición con bajo consumo y grandes mejoras, vamos que era una maravilla. No paraban de mandarnos información y presentaciones sobre el producto para que nos pusiéramos a venderlo cuanto antes. Tenía una pinta estupenda, iba a ser un producto cojonudo, fácil de vender. Aunque muy bueno técnicamente, era para clientes muy específicos. Pero no os voy a aburrir con cuestiones técnicas. Lo importante no era la tecnología de ese equipo, sino que me lancé como loco a intentar ser el primero en meterlo en el mercado, me dediqué a visitar esos clientes donde había posibilidad de vendérselo. Cuando se habla de equipos técnicos y clientes específicos, esto quiere decir caro y difícil de vender, pero bueno, tenía posibles compradores de ese porte a los que alguna buena venta ya les había conseguido. Me pasé varias semanas visitándolos, dándoles charlas y presentaciones sobre el nuevo producto, hasta que por fin uno de ellos me llamó y me dijo

—He convencido a administración y queremos probar ese producto. Si funciona bien, te compraremos muchos más para mejorar nuestra compañía. De momento queremos cuatro.

¿Cuatro? Toma ya, la primera venta y no es uno solo, son cuatro. No sabéis como me pavoneé por la oficina con el pedido de cuatro equipos nuevos, me sentía el puto amo, era como si hubiera conquistado yo solo el mercado. Pero nada más lejos de la realidad. Metimos todo en el sistema y pasamos el pedido a fábrica, gracias a mis compañeros, realizamos todos los protocolos de la compañía impecablemente, todos los papeles bien rellenados y cumpliendo todos los procedimientos. Estaba todo OK y solamente faltaba que nos dieran el plazo de entrega al cliente, lo cual ya fue un gran bofetón pues el plazo se iba a más del doble del resto de productos que ya comercializábamos. Pero bueno, eso más o menos los subsané con una comilona y un buen vino con el cliente, donde le expliqué que al ser un equipo nuevo los procedimientos nuevos de calidad y pruebas, que si patatín, patatán, etc. El primer mosqueo se le pasó, le convencí de que era mejor esperar, que le llegarían cuatro equipazos magníficos, y aceptó después de la segunda botella de vino tinto, un rioja reserva de los caros, ya sabes, de los que hacen que la cuenta suba hasta el límite de lo permisible por una empresa. Si no es un buen negocio no te van a permitir gastar mucho con ese cliente, ahora que si es un cliente de gran facturación, hasta las notas de gastos de menú especial en bar de lucecitas.

Cuando se estaba por cumplir el plazo, empezamos a reclamar a fábrica, no teníamos ninguna respuesta, no podíamos decirle al cliente el día exacto de la entrega. Ahora estábamos todos moscas, y el cliente preguntando, más mosca todavía. Cuando, por fin, nos llaman desde la fábrica y nos dicen que cancelan el pedido. ¿Cómo? ¿Que lo cancelan? Qué van a cancelar ellos. Nada, ellos a fabricar; cancelar nosotros, si acaso. No nos pueden cancelar un pedido casi ya cobrado. Pero nada, la fábrica manda y si no fabrican, no fabrican, pero tú no vendes. Y así fue, se perdió la venta. Nos contaron no sé qué historia de que el prototipo no había pasado las pruebas y no se podía fabricar, ahí lo llevas, tanto esfuerzo para nada, tantas semanas de duro trabajo potenciando, con un pedido ya conseguido, con varios clientes más interesados y a punto de conseguir más pedidos y todo a tomar por culo. Cancelado el nuevo producto. El cliente odiándome, menuda cagada le había mandado, tenía ya el proyecto aprobado por administración y ahora esa inversión la perdería, lo gastarían en cualquier otra cosa y el perdía credibilidad en su empresa, quería innovar y mejorar y nosotros le habíamos fallado. Quedaba mal en su empresa después de convencer que iba a conseguir grandes mejoras, todo quedaba en humo. En humo del malo, del negro con restos de sólidos, que se agarra a los pulmones y te deja hecho polvo. Así quedábamos, hechos polvo. Esa empresa nos puso una X tan gorda que se lanzaron al mercado a buscar nuevos proveedores y quitarnos de su lista. Menudo golpe. Lo que parecía que iba a ser un gran triunfo, se saldó con un cliente perdido y una buena cuenta de facturación desaparecida.

Seguro que algo así te ha pasado más de una vez, realizas tu trabajo, todo parece ir de coña y ¡zas!, algo lo jode entero y el pedido a la mierda. El caso que os he contado estaba muy lejos de mi mano poder solucionarlo, yo era el mejor comercial de la empresa, por lo menos para mis clientes, pero para los de fábrica que más da lo que dijera un comercial chusquero como yo. Ellos son capitanes y yo un simple soldado, a joderse tocó. Pero también hay casos que son problemas donde sí puedes tener mano e intentar solucionarlo, hablar con el tipo de administración para que aplace el pago unos días y ayudar a tu cliente, agilizar la entrega por parte de la gente de logística y que le llegue el día convenido con el cliente, pequeñas colaboraciones con tus compañeros que ayudarán a la satisfacción del cliente.

Debes jugar bien tus cartas como comercial dependiendo del cliente y apoyándote en tus compañeros. Como soy tan jeta, muchas veces les he pedido colaboración a mis compañeros para disimular una cagada mía y que pareciera un problema de fábrica o logística para poder quedar bien con mi cliente. Si colaboras con la gente, la gente colabora contigo. Muchas veces he bajado al almacén a preparar pedidos urgentes poniéndome a preparar cajas con ellos, les meto prisa pero les ayudo y eso lo valoran. En alguna ocasión que estaba de viaje y no salió el pedido a tiempo, alguno de mis compañeros me cubrió las espaldas llamando o mandando un mail al cliente disculpándose que por error informático su pedido no había podido salir, cuando la verdad es que se me había quedado en la mesa por estar hablando con el móvil y no pasarles el pedido. Pero al darme cuenta les llamaba, se lo contaba y ellos agarraban el pedido de mi mesa y lo ponían en marcha urgentemente cubriéndome con el cliente. Qué bueno es cuando te ayudan y el cliente no se da cuenta de lo torpe que eres. Por muy gran comercial que seas siempre tendrás una cagada, si tienes buenos compañeros te la solucionarán.

Si soy tan buen comercial es gracias a que siempre he tenido maravillosos compañeros que me han ayudado a lograrlo, cubriéndome, ayudándome, enseñándome y trabajando conmigo. Como se suele decir, una cosa es tan buena como la peor de sus partes. Pues yo soy tan buen comercial porque la gente que me rodeaba era mejor que yo y eso me ha mejorado mucho.

El comercial es la unión entre los productos de la compañía y el cliente. Por lo que el cliente te llama para todo, problemas con administración, técnicos y demás, ¿cómo podrás solucionarlos? No eres más que el comercial, necesitas la ayuda de tus compañeros, valórala. Y si estás leyendo esto pero no eres comercial, valora también nuestra labor de cliente en cliente para que luego te demos la murga y todos tengamos trabajo.

Tipos de comercial

No seamos crédulos, no existe un manual para ser un buen comercial, no hay una guía para comerciales que te vaya a hacer rico. Un comercial es mitad relaciones públicas mitad técnico, y eso debe brotar de uno. Por muy bueno que sea tu jefe no te hará vender más, te podrá ayudar, pero tus logros serán cosa tuya, será la recompensa a tu trabajo, tu labor diaria y tu autoconstrucción como un gran comercial. No debes guiarte por la empresa, ni tu jefe, ni tus compañeros o el producto que vayas a vender. Por supuesto que debes tener todo eso bien presente, escuchar y ver lo que hacen y cómo lo hacen, pero lo más importante son los clientes, ahí es donde tienes que perfeccionarte y mejorar, coger todo lo que te rodea, estudiar al cliente y adecuarlo para que te quiera comprar. Ir a vender no es un buen objetivo, has de ir a ganarte el cliente y que sea él quien quiera comprar tus productos. Escucha y observa a tus compañeros, tus jefes, otros comerciales, de cualquiera se puede aprender. Las órdenes de tu jefe pueden ser correctas, pero tendrás que ejecutarlas de forma personal, a tu estilo. Nadie nace sabiendo, por lo que debes ir mejorando y evolucionando, ayudándote de lo que te rodea y creando tu propio estilo para lograr tu objetivo, ganarte a los clientes.

He de explicar que mis consejos se centran, sobre todo, en comerciales de compañías que venden a otras compañías. Aunque en algún caso se aplique a usuario final o persona unitaria, es para comercial de empresa a empresa, relación interempresarial. Que no digo que sean los mejores, para nada, yo he vendido a empresas y a usuario final, disfrutando tanto una venta como otra, pero los consejos para comerciales de empresa son más extensos y los comerciales de usuario final pueden hacerlos suyos también.

Existen diferentes tipos de comerciales. Un comercial no debe ser una pieza de una cadena de producción, debe ser él, ser persona, sacar lo mejor de sí y manejarlo para poder vender. Un comercial no debe realizar un trabajo idéntico a diario, pues los clientes no son siempre iguales. Debes modificar tu forma de trabajar, de vender, de hablar, de comportarte según sea el cliente y así te lo ganaras. Con algunos debes ser recto y educado, con otros más amigable y confiado, dependiendo de cómo sean ellos así debes comportarte tú. No debes olvidar tu personalidad, pero un buen comercial tiene grandes dotes de actor. Anda que no me he portado yo cínicamente con clientes que no soportaba, pero compraban, pues tenía que darles charleta y ser políticamente correcto, no quería perderles aunque no me cayeran ni medio bien.

A mi personal criterio, existen varios tipos de comerciales.

Están los comerciales serios, rectos, un perfil de hombre respetable que hace siempre lo que debe y lo que se le ordena, incapaz de mentir o engañar y si lo hace, es en muy pocas ocasiones, como excepción. Por supuesto yo no soy de esos, pero no les critico. Son el comercial que cualquier jefe querría tener, un tipo que cumple las normas, que rellena todos los papeles de la compañía, que sigue los procedimientos, es una joya para cualquier jefe, es su hombre ideal. Son grandes y honorables comerciales que desarrollan su trabajo ordenadamente bajo el protocolo de la compañía, caen bien a los clientes, los jefes les adoran, sus compañeros están contentos con ellos y todo funciona a la perfección, todo según el dictado de los grandes mandamases, la combinación perfecta para los jefes, comercial recto, cumplidor y buena gente. Suelen ser padres de familia. Gente que cumple con su trabajo para poder alimentar a esta, dedicando el tiempo que corresponde al trabajo y respetando el que se merece la familia, lo que suele dar buenos resultados tanto para la empresa como para su vida privada. Consiguen su cifra de ventas, tienen contentos a los jefes y a los compañeros, los clientes están contentos y todo marcha, según la compañía ordena. Él ataca lo que le ordenan y sigue el manual de la compañía, atiende a las charlas de los jefes, e incluso las escucha (alguna vez yo también lo he hecho), y actúa en consecuencia, siguiendo los pasos que marca la compañía. Esto le pone en un puesto muy fácil y cómodo. Pues si los objetivos no se cumplen, siempre se le puede echar la culpa a terceros: el producto no es bueno, el mercado está en crisis, el servicio posventa no es adecuado, lo que sea. Pero el comercial seguirá siendo importante en la compañía, antes reducirán costes en administración que quitarse comerciales.

Ese es el comercial ideal, que quieren los jefes, un tipo correcto y cumplidor que atiende a sus clientes y realiza su trabajo. Seguramente el que cualquier compañía quisiera tener. Yo les etiquetaría como el comercial complaciente, sobre todo para los jefes. Específicamente para los jefes mediocres que quieren tener siempre el control, tomar todas las decisiones, llevarse todas las medallas y que sus trabajadores acaten sus órdenes sin rechistar. Ese jefe que no sabe ser líder por falta de cojones, con miedo a que le quiten el puesto, pero con años de experiencia en la que basar sus decisiones sin arriesgar a nuevos métodos. El binomio perfecto entre el no-líder y el empleado conformista que lucha por un sueldo y no por una proyección.

Luego están los comerciales de rebote. Que les ha tocado meterse a vender, porque parece que tiene algo que ver con lo que han estudiado. Claro, no hay una ingeniería en ventas, ni la habrá. Debes estudiar un gremio y si no puedes acceder al máximo nivel, ponte a vender en ese gremio, como si fuera fácil vender. Es mentira eso de que si sabes mucho de esto o lo otro lo podrás vender bien. Así pues, estos pobres vienen de rebote al mundo de la venta y no saben lo que se van a encontrar, por ejemplo un enfurecido cliente que no quiere saber nada de comerciales, ni soplapollas que vayan a venderle nada, él sabe de sobra lo que necesita y lo que quiere como para que llegue un mindundi cualquiera a decirle lo que tiene que comprar.

—Que no te voy a escuchar, que yo sé de sobra lo que compro y lo que necesito. Ale, pírate, chaval.

Pero siguen ahí, intentándolo, no tienen vocación, pero luchan y siguen tratando de conseguir cliente tras cliente. ¿Dónde nace la vocación para decidir «quiero ser comercial»? Pues no nace, se hace. Porque si estas en esa fase, que te ha tocado currar de comercial, pero no es lo que querías, o te superas o revientas. Hay muchos de esos, son tipos muy luchadores, que aunque la gente los tache de no ser grandes comerciales, su esfuerzo y tesón bien vale el respeto de todos, sobre todo el mío. Para mí quisiera un ejército de comerciales rebotados con ganas de comerse la vida, antes que comerciales conformistas, me encantan esos luchadores que están ahí ganando clientes con un sentimiento de «esto no es para lo que yo estudié». ¿Para qué estudiaste si no es para ganar un sueldo? Esa gente que sigue luchando y aprendiendo a conseguir ganar clientes, aunque no hubieran estudiado para ello, pero que se rompen el culo por conseguirlos, son los que llegarán a líderes o se cambiarán pronto de trabajo. Pero el que continúa en la lucha esforzándose día a día aprende un huevo y tendrá un gran futuro.

Cada día hay más demanda de comerciales, pero no hay título para ello. Ser buen comercial sale de uno, es subjetivo como tu personalidad, debes adecuar tu personalidad a tu labor comercial, no debes seguir un guion, debes aprender de cuanto te rodea.

Y ahora llegamos a otro tipo de comercial, yo. El peor para cualquier jefe, el que no sigue las normas, no rellena los papeles, pasa de lo que digan los jefes y hace lo que le da la gana, el que se cree por encima de la ley o por lo menos de la opinión de los demás.

—Joder, ahí están mis cifras —cuántas veces habré soltado yo esas palabras.

Somos los comerciales indisciplinados, los que ningún compañero desea tener, porque no respetan las normas de la compañía y acaban poniendo todo del revés.

—¡Esto así no se vende! —me han soltado muchas veces.

¿Que no? Pues toma cinco pedidos así. En una semana no más. Ahí lo llevas.

Nos salimos con nuestro objetivo, conseguimos no solo vender, sino que el cliente no quiera otro comercial más que tratar contigo. Claro, eso es por nuestra falta de escrúpulos, hacemos lo que tengamos que hacer para ganar el cliente, un regalito, se compra, que hay que pegarse una buena comilona, se busca el mejor restaurante, que hay que ir de putas, se va, lo que haga falta para que el cliente te quiera a ti más que a cualquier comercial de la competencia. La mayoría de las veces no sabemos lo que vendemos, ni el cliente lo que compra, pero eres su amigo. Pero tampoco se te puede ir la olla, si le metes una gran cagada, lo pierdes, pues él puede perder su puesto. Por eso, has de combinar un degenerado como yo con un buen técnico, puedes tener la panacea, el sumum del mundo comercial. Un tipo capaz de ganarse cualquier cliente y encima con ventas correctas. Eso es lo que cualquier jefe debería querer. Pero eso es muy escaso o casi imposible.

Yo soy el calaveras que gana cualquier cliente y gasta una fortuna en «gastos de representación». Pero mis clientes me quieren, y mucho, no así mis jefes y compañeros.

—Si solo tienes que pulir la imagen ante tus compañeros —intentaba cambiarme uno de mis jefes.

¿Para qué? Si yo vendo, ellos trabajan, que no se metan en mi vida.

Pero, bien es cierto, que un jefe no lo es solo para el comercial, también lo es para los demás y debe intentar que todos estén contentos. Si un administrativo ve tus gastos, pues se queja, aunque eso sea lo que hace que vendas. Pero lo importante es la rentabilidad de una empresa y si gastas más de lo que ingresas, mal vas.

Por todo esto os digo que el comercial perfecto no existe. ¡Ojalá! Pero no es así. Quizás si hubiera una carrera dedicada al mundo comercial y luego terminase con la especialización en un gremio...

Esto me hace recordar a uno de mis mejores clientes, qué gran tipo. Me compraba lo que fuera. Al final éramos más que amigos, compañeros de juergas. Pero hace tanto tiempo que me he olvidado del nombre y la compañía en que trabajaba. ¿Qué esperabas, que diera nombres, direcciones y datos de empresas? Chato, lees para divertirte, no para que te dé mi agenda.

Yo sabía que sería un buen cliente para mis productos. Por una puñetera vez hice mi trabajo y sabía que ahí podría tener mucho negocio a futuro, que debía conseguir esa cuenta como fuera. Haría lo necesario, pero resultaba difícil y casi frustrante. Me plantaba allí con las mejores presentaciones de mi producto, con equipos en lo alto de la mesa, con regalos. Me había estudiado el cliente y tenía línea de negocios, pero no conseguía penetrarla. Era una mierda, tanto esfuerzo para nada. Hasta que al final se me abrió la puerta tomando un café, que para mí iba a ser el café de despedida con ese cliente y que le dieran por el culo. Pues no, se me abrió a mí el culo. No sé de qué estábamos hablando cuando algo dentro de mí se iluminó y conseguí conectar con el cliente. Había mencionado un garito nuevo que habían abierto. Ese no es un restaurante ni un bar de copas, pero ahí se pueden cerrar muchos negocios, claro que se puede.

Y le solté:

—Mi empresa te invita a cenar y a tomar una copa allí, ¿te apuntas?

Obvio. El primer «sí» que conseguía de esa compañía. Nano, lúcete que lo consigues. Y así fue. Nos fuimos a cenar él y yo y no hablamos de nada de trabajo, que si de fútbol, que si de compañeros de trabajo, nos ha jodido, había una secretaria en su oficina... Creo que todos los comerciales íbamos por verla, porque en esa fábrica no compraban a nadie nuevo, pero esperar viendo ese monumento... Creo que era colombiana o venezolana, da igual, tenía más curvas que Montmeló y todos deseábamos que nos tuvieran esperando para observarla. Total, no te iban a comprar. Pero siempre estábamos varios comerciales allí esperando mientras babeábamos por esa preciosidad de secretaria.

El caso es que llegó el momento de la copa y yo sabía que eso no era un garito sin más. El sitio era precioso. ¡Qué decoración! ¡Qué forma de ponerte la copa! ¡Qué majestuosidad tenía todo! Todo decorado con muy buen gusto, con figuras de preciosas mujeres desnudas, unos sofás de terciopelo rojo muy cómodos, unas mesas doradas con cristal impoluto, unas lámparas a medio gas, faltaba un poco de iluminación pero no importaba, era todo precioso. Sobre todo las cinco diosas del Olimpo que se acercaron a hablar con nosotros.

—¿Qué queréis? Estamos hablando de negocios —dije educadamente.

—A eso venimos nosotras —procedió una de ellas a susurrarnos suavemente mientras nos abrazaban y manoseaban.

¡Joder, qué momento! Ese era el momento, o remaba o me quedaba tirado. Me quedé medio congelado, como si no hubiera estado nunca en un local de vida alegre, pero esta vez con un cliente. No un cliente, el cliente que me haría demostrar que soy buen comercial, y lo hizo. Me quedé paralizado viendo la situación, no estás con colegas, hay mujeres maravillosas, copas, buen ambiente. ¿Qué hizo el cliente? Ponerse a hablar con ellas como si las conociera de toda la vida, como si vinieran a hacer negocio con él. Pues claro, «tontodelculo», era su negocio y yo podía ganar el mío, y lo hice, claro que lo hice. Al principio me costaba articular palabra con ellas delante de mi futuro cliente, pero saqué las ganas de mi interior y le di, le di a charlar con ellas. A mí se me arrimaban una tras otra esperando que me decidiera pues él ya acaparaba a la mejor y no la soltaba. Qué jodido, como sabía el pollo. Yo ahí, al paripé. Hasta que nos terminamos la copa y me hizo un gesto, como que quería irse a otro lado y esperaba mi aprobación y yo, como un *toli*, miraba lo que me rodeaba y pensaba, con lo bien acompañados que estamos, ¿a dónde nos vamos? Qué espeso estaba por aquel entonces. Me costó, me costó dos gestos más que casi se le rompe el cuello. Pero al final lo pillé. Y le dije:

—Claro, lo que tú quieras.

Por aquel entonces yo era un junior o comercial novato. Nos fuimos para donde se culmina en esos sitios. Menuda tesitura, ¿qué haría, ganarme el cliente o cagarla como un niñato inexperto? Tenía que ganar tiempo para tomar la decisión, pero solamente me salió:

—Dale que yo me encargo —le solté mientras me daba cuenta de que me había quedado con toda la papeleta entera para mí, pero fue mi descabello.

Entre el aturdimiento de la situación, el vino de la cena, las copas y la pedazo hembra que se me había colgado del cuello, le pregunté al responsable del lugar cómo dar mi siguiente paso:

—¿Esto cómo se factura?

El tipo me suelta sin miramientos:

—Como tú quieras.

¡Qué grande!

—¿Puedes hacerme un tique por todo, como dos menús especiales? —balbuceé.

—Pues claro —se rio en mi cara.

Se me abrió el cielo, toma la tarjeta de la empresa y cóbrate. Ni que decir tiene, que yo también tomé ese «menú especial». Y cuando bajamos, se terminó tanta visita odiosa y tanta mierda. Ya era mi cliente.

Es decisión propia ser el tipo de comercial que se desea, pero siempre siendo uno mismo, que nazca de ti, pero adecúa tu tipo de comercial al cliente. No te vendas ni dejes de ser tú mismo, pero potencia tus aspectos a favor del cliente para ganártelo.

El cliente siempre tiene la razón

Qué frase tan repetida, «el cliente siempre tiene la razón». Mentira. Debes darle la razón o que se piense que la tiene. Pero un buen comercial nunca le quitará la razón al cliente, logrará conseguir que se sienta con la razón y que compre porque es su decisión. Pensará que necesita el producto, que viniendo de ti debe comprarlo, es una oportunidad para él, lo que sea pero que compre por iniciativa propia. Un cliente coaccionado no sirve de nada, será una venta puntual únicamente. Ahora que, también se hace, existen compañías que lo consiguen mediante artes poco negociadoras, consiguen sus ventas y a vivir del mafioseo. Grandes empresas sacan un nuevo producto al mercado y consiguen por ley, decretos, normativas o imperativo moral que los usuarios tengan que comprarlo o tenerlo. Pero en ese caso los comerciales no tenemos gran valía, seríamos dependientes más que comerciales. Nos limitaríamos a recibir los pedidos y compras sin tener que esforzarnos. Pero este libro trata de mejorar como comercial.

Los dependientes, personal de tienda, etc., son un gremio tan importante y trabajador como el de los comerciales. Hacen una gran labor muy necesaria. Por lo general no deben tener un perfil comercial, pero si técnico de los productos que despachen en su tienda: pan, fruta, ropa, informática, la gama de productos que despachen. Son gente amable y muy educada que te hacen agradable la visita al lugar donde vas en busca de una necesidad. Si vas a una tienda es porque tienes intención de comprar algo, excepto las mujeres, que suelen hacerlo en compañía nuestra para tocar las pelotas.

—¿No puedes ir sola, cielo?

Y te recrimina ella:

—Es que no hacemos nada juntos.

—Pues siéntate conmigo a ver el fútbol.

Pero como somos tan cenutrios de no dar una respuesta adecuada, tenemos que acompañarlas de compras, sin ningún objetivo claro, mirar por mirar. Yo llego a una tienda, busco lo que quiero, comparo si hay más de un modelo o una marca, y compro. No he de recorrerme la tienda entera en busca de otros productos que no necesito. Ahora que si vas con ellas dan igual las comparaciones, será lo que decida tu chica, y encima seguro que nace otra necesidad que ni sabías.

—Vamos a mirarte unos gayumbos —suelta no conforme con una sola compra.

—Si veníamos a por unos pantalones nada más, tengo gayumbos de sobra —recriminas.

Qué más da, para qué dices nada, ahora te tocará mirar gayumbos y tragarte otra bronca.

—Pero serás guarro, los tienes todos viejos y rotos, ¿te gusta salir así conmigo?

En tu mente fatigada de tienda en tienda se forma la idea: «¡Si salgo contigo! ¿Quién más va a ver mis gayumbos, o es que me vas a pasear con los pantalones bajados?»

Pero para eso están los dependientes y sobre todo dependientas, para hacerte de esa tarde infernal un momento agradable, siempre con una sonrisa llena de amabilidad dispuestos a ayudarte. Con una planta, un estilo, un *prêt-à-porter*, si es que cada día gusta más ir de tiendas, pareciera que estás en un desfile. En algunas tiendas, los dependientes son unos cachitas descamisados con tabletas, yo ahí no voy, encima de la bronca de los gayumbos, te comparan y te cae bronca por dejar el gimnasio. Como si por más horas que le echara iba a estar yo así. Ojalá, así esas dependientas preciosas no me mirarían con cara de pena cuando me hacen comprar gayumbos. Van tan guapas y elegantes que quieres invitarlas a una copa y no que te vean comprar la ropa escogida por tu parienta. Tan educadas ellas, con su sonrisa, pensando «menudo panoli está hecho». Mientras que tú vas babeando viendo todas las dependientas de la tienda, ahí sí, ahí sí mola acompañarlas a ellas a que compren, tú mira tu ropa, bonita, que ya les compro yo a las dependientas. Obvio, si eres hombre y acompañas a la parienta no es para aconsejarla, es para ver a las dependientas. Ya que no estás en casa tirado en el sofá, que veas niñas monas, que cuando estás en el bar con ella no puedes ni girarte o te cae colleja. Pero allí ella está a la ropa y tú a quitársela a las dependientas en tu mente.

Debo reconocer que para mí las dependientas son un sector comercial que adoro. Y mira que las he puteado cuando era joven. En verano, cuando había aprobado todo, pocos años ha sido eso, con mi colega de toda la vida, que vivíamos a dos manzanas el uno del otro, nos pasábamos el día en La Vaguada. Vivíamos en el barrio del Pilar, pero en la zona humilde, sin urbanización ni piscina, la zona vieja de allí, pero la mejor, con sus comercios a pie de calle, la panadería y la farmacia en la misma manzana, todo a un paseo. Pero descubrimos La Vaguada, el primer centro comercial de nuestra vida, el paraíso en un solo lugar. Un centro comercial de nueva construcción, por aquel entonces, sus pasillos limpios llenos de luz, todo reluciente, bien iluminado, lleno de escaparates, tardabas una eternidad en recorrerla porque tenías que verlos todos. Tenías tiendas de todo tipo, gente paseando y comprando, gente joven deambulando como nosotros, con la paga no nos daba para comprar y salir, allí solamente íbamos a pasear y a tocar las pelotas. Sí, sí, tocar las pelotas, sobre todo a las dependientas, preferiblemente guapas. Éramos dos jóvenes adolescentes con las hormonas exacerbadas y mucho tiempo libre, gratificados por haber estudiado lo suficiente o por haber sabido copiar sin ser pillados. El caso es que allí estábamos matando el tiempo y el calor veraniego con el aire acondicionado del centro comercial, para nosotros un lujo en aquel entonces, en los colegios e institutos no había y mucho menos en hogares humildes. Entrar allí después de un paseo sofocante bajo el sol de julio madrileño, el calor de los edificios y del asfalto de las calles, y que notaras otra vez una temperatura fresca y agradable en la piel te volvía loco. Bueno, eso y la vestimenta de las dependientas y azafatas de promociones, nuestras favoritas. Las dependientas seguirían allí y si ibas con tu madre y te pasabas con ellas podrían irse de la lengua y la cagabas, te caía bofetón seguro. A día de hoy no se puede tocar a los niños, pero en mi juventud... Yo recuerdo más de un bofetón de profesores. ¿Hacías algo? Te callabas como un judas, si no te caía otro al llegar a casa fijo, totalmente merecidos ambos. Por eso nos dedicábamos a las azafatas de promoción. Al ser de promoción eran temporales. Iban vestidas muy llamativas, con el uniforme más corto, pero sin mostrar nada, no seas guarro imaginándote locuras. Hoy en día vas a una feria en el Ifema y te aseguro que no recuerdas de qué es la feria, pero cuántas azafatas había y lo que marcaban sí. Pues marcaban visitantes digo yo, en su mono ceñido no me fijé, iba con mi novia. Pero no, vuelve a los años 90, España, Madrid, La Vaguada. Una preciosa azafata de promoción, con un traje de falda y chaqueta rojo, un gorrito de capitán también rojo y franja blanca, una camisa blanca, unos zapatos de tacón y sin medias, menuda dulzura. Para la época podría considerarse erótico, para nosotros lo era seguro, nunca tuve una profesora así, aunque todos mis amigos tenían un primo con una profesora así de despampanante, según contaban. Pero en mi caso no fue así, yo no habría hecho pellas si no. Pero en La Vaguada un par de adolescentes atontados podíamos verlo y disfrutarlo, como adolescentes en fase de buscar pillar y vacilar. Porque esas diosas estaban tan lejos de nuestro alcance que solamente podíamos vacilarlas. ¿Pillar con una azafata siendo un adolescente? Lo habías flipado, tanto te gusta mi libro y mis tonterías que esperabas que me hubiera ligado un pibón siendo un adolescente granítico y abobado, gracias por haberlo imaginado tan solo un instante, yo lo hacía todas las tardes durante un rato en el baño. Pero no, no ligábamos azafatas, qué más quisiéramos, solamente podíamos vacilarlas y molestarlas, que era lo único que conseguíamos. Éramos, a veces, odiosos, preguntando tonterías solamente por charlar con ella, era lo más cerca que estábamos de una bella mujer y dilatábamos el tiempo a su lado con chorradas hasta que se deshacían de nosotros con una gran sonrisa, aunque llena de cinismo pensando: «Idos a tomar por culo, par de niñatos». Pero siempre con mucha educación. Pobrecillas, ojalá les pudiera pedir disculpas una a una a día de hoy, o mejor no, que ellas también habrán envejecido. Los amores platónicos hay que guardarlos en la mente en su justa época. Al actualizarse a nuevas versiones se suele perder la dulzura del recuerdo.

Para mí los dependientes son unos de los trabajadores menos valorados pero más necesarios en la vida consumista actual. Te hacen la vida mucho más agradable, placentera, te ayudan, algunos son consejeros incluso, otros tienen vena comercial tan fuerte que a la vez que les vas a comprar te endiñan lo más caro. Es verdad, yo no puedo toparme con un dependiente-comercial, me da la vena profesional y me acaban vendiendo lo que les da la gana, bueno, mejor dicho, les acabo comprando lo que me ofrezcan. Como sea una azafata guapa con labia y unos ojos saltones... le compro cera para las piernas, tengo tres cajas en el baño, qué le voy a hacer, la vena profesional. Pero en verdad existen algunos dependientes mejores que los propios comerciales, con un arte, una gracia, grandes técnicos muchas veces, que te averiguan la verdadera necesidad y te clavan. Vete solo a comprar gayumbos si te atreves, como sea una dependienta-comercial la has cagado. Un hombre solo comprando gayumbos es para ligar, está claro, no los vas a querer para tirarte en el sofá a ver fútbol. Estás perdido, te lo va a oler, como huele a cualquier baboso, pero lo aprovechará, comprarás los más caros por si acaso... ¿Por si acaso qué? Si te va a ver en gayumbos es que te la has ligado ya, no te la vas a ligar por llevar gayumbos de 100 pavos. La dependienta por la que los has pagado no tiene ninguna intención de verlos puestos, solo cumplir con sus ventas diarias. Pero como pensamos con lo que pensamos, te los pones cada vez que sales por si te la encuentras de fiesta y surgiera la posibilidad de enseñárselos. Como no sea que se te caigan los pantalones en medio del bar...

Ahora busca a ese gran dependiente-comercial y pregúntale si el cliente tiene siempre la razón, si te dice que no avísame a ver si recupero mi pasta. Porque esa gente lo tiene claro, el cliente tiene una necesidad, pero se la modifican a placer para lograr mejor venta.

En cuanto a los comerciales, puedes tener un cliente que vaya a por uno de tus productos directamente sin necesidad de debatir contigo, pues nada majo, cómprame y listo. Si así lo quieres, así será. Pero si quieres tener continuidad debes intentar conocer si eso de verdad cubrirá sus necesidad o será una compra inútil, como la cera para piernas que tengo yo en casa. Si no le ha servido no volverás a saber de él y perderás más oportunidades de negocio. Pero si te niegas a vendérselo no querrá hablar más contigo. Por eso es tan importante que no le quites la razón, pero que esa venta no sea inútil. Agradecerá más un consejero valiente que un dependiente sonriente. Si estás seguro, has consultado técnicamente, averiguado y tienes experiencia, no te cortes, no le quites la razón pero aconséjale, muéstrale, enséñale y háblale de cómo cubrir su necesidad de una forma real con otro producto. No tiene por qué ser más caro, pero sí el más apropiado. Si lo que te venía a comprar no cumplirá eficientemente su función, debes mostrárselo para ganártelo y que confíe en ti. Dejará de querer comprar para desear que tú le vendas, ese es tu trabajo.

He tenido muchos clientes que me pedían algún producto superior, de gama alta, lo habían leído y les cumpliría. Yo sabía que tenía equipos de menor cuantía y más apropiados para su departamento de compras. Me facilitarían esa lucha y sería más fácil lograr la venta que luchar por el superequipo que no cumplía con el presupuesto de su compañía. Debes hacerlo, aunque pierdas un poco de beneficio en esa venta, te garantizarás un mejor futuro con ese cliente. No dudes en mostrarle el otro producto sin quitarle la razón, que se dé cuenta de que su razón está cubierta con el otro y lo querrá. Incluso puedes ser un poco agresivo, en este caso, debes hacerlo por ganar futuro antes que dinero. Si es justo y legal el otro producto, esfuérzate por demostrárselo. Todo se sabe, acabará conociendo el resto de productos aunque viniera buscando uno y no le gustará haber gastado más de la cuenta, de no ser como favor personal.

Una oferta que preparé era de un equipo gama alta para un cliente que me venía pidiendo ese equipo en concreto. Un buen equipo, eficiente, cumplía las necesidades aunque era caro, pero lo pedía y se lo oferté. Al llegarme la gente de compras, revisé el tema más en profundidad. Los de compras siempre aprietan y por qué no mirar si mi oferta era la más ventajosa. No lo era, tenía equipos más baratos que también funcionarían, debía decírselo y aconsejarle. Le mandé una nueva oferta con el otro equipo, más económico y que cumplía técnicamente, sería un punto a mi favor con mi cliente. Pero no le gustó, no era el momento de quitarle la razón.

—Ese equipo ya lo conozco y no lo quiero, no voy a presentar esta oferta, quiero la anterior —me dijo por teléfono dejándome frío y sorprendido, no esperaba eso de él dada la experiencia con su departamento de compras.

Me explicó que la primera oferta cumplía con el presupuesto que tenían aprobado en compras, la pasta estaba ahí, para gastarla. Pero compras haría su trabajo, debía ahorrar lo que pudiera.

—Técnicamente solamente tu producto cumple, no te preocupes —me calmó después de toda la charla donde no le quité la razón para nada.

En este caso el cliente tenía toda la razón y yo estaba encantado de que así fuera. Les di a los de compras un descuento de 0,5 % para que tuvieran su medallita y el pedido listo. Si compraba algo más barato a lo dicho inicialmente, le revisarían todas las peticiones, bajando el presupuesto de su departamento para el próximo año. Con la posibilidad de comprar productos que no llegasen a cumplir.

No te extrañes, cada compañía es un mundo. Dentro de cada empresa hay diferentes departamentos luchando por lo suyo, en muchos casos en contra de otros.

Quitarle la razón del todo al cliente puede llegar a ser beneficioso si se hace con arte y gracia. En mi caso, en varias ocasiones, he dejado de vender y he recomendado otro producto que yo no tenía ni le iba a vender.

—Háblate con Fulanito, que tengo entendido que tiene un producto como lo que buscas —he recomendado al cliente, pues su razón no era correcta y me enfrentaba a una venta sin final feliz.

No le cubriría sus necesidades. Aunque moralmente él quería comprarlo, la cosa no terminaría bien, sería un producto inservible, debería devolverle el dinero y tragarme el equipo o perder el cliente por no enfrentarme inicialmente. He optado, siempre, por darle la alternativa fuera de mi venta, pero satisfactoria para él, y seguir manteniendo un buen cliente, antes que lograr una venta fácil y perder un pasado y un futuro de buena relación comercial.

El cliente no siempre tiene la razón, pero es ahí donde debes buscar, en su razón, para encontrar la solución más adecuada y conseguir cumplirle para que siga siendo tu cliente.

Distribuidores y fuerzas de venta

El comercial, aunque se crea un superhombre, sobre todo cuando consigue un buen pedido, no lo es. Puedes ir creciendo y creciendo pero necesitarás ayudas, tanto del personal de la compañía como de fuerzas de ventas, otros comerciales, distribuidores y aquel que quiera trabajar y colaborar contigo. No te niegues a ello, es necesario para crecer. Más vale compartir los triunfos y avanzar que quedarte estancado por querer todas las medallas para ti.

Uno puede abarcar lo que puede abarcar. Y a no ser que vendas productos perecederos, en cuyo caso seguirás vendiendo a los mismos clientes los mismos productos, llegará el momento de tocar techo. Saturarás el mercado y no habrá otra opción para crecer sino expandiéndote.

Como le pasa a todo buen comercial, que cuanto mejor es, más se expande. Que nos pasa a todos, ¡leches! Todo comercial tenemos un momento grandioso donde nuestro mercado está controlado, nuestras ventas cubiertas, todo fácil. Los pedidos llegan ya solos, las visitas se reducen a comidas y cenas con clientes, poca labor estresada, menos kilómetros o por lo menos más selectivos. Ya no se buscan más clientes, total con los que tengo cumplo cifra y cubro gastos, sobre todo los gastos de representación, cenas, comidas, copas, etc. Y eso pasa factura. Tú pasas las notas de gastos, pero tu peso personal empieza a crecer mucho más que los nuevos clientes. Tanta comilona, tanta cena, hace al comercial expandirse. Las camisas empiezan a marcar hasta los pelos de la barriga, la corbata se ubica en posición lateral, pues resbala de esa gran barriga de triunfador en ventas que tanta comilona se ha ganado. Eso es expansión de la buena. Tus gastos también empiezan a crecer, nueva ropa, claro, dos y tres tallas más. Ya las camisas no marcan, estallan. Debes renovar el vestuario, pero lo haces contento, con la cara de triunfador. ¡Porque yo lo valgo! Pero empiezan a recriminarte desde administración tanta comilona y tanta cena. Tus compañeros empiezan a reírse de ti, sobre todo cuando tu propia silla, esa de toda la vida, esa que tantos pedidos ha recibido contigo, sobre todo después de un cocidaco con clientes, va y revienta la muy cabrona. Se desmorona al sentarte y te caes haciendo el mayor de los ridículos delante de todos tus compañeros. Eres el hazmerreír de la compañía. La jodida silla, con todas las bombas de humo que te ha aguantado y ¿no soporta unos kilos de más?

Pero a lo que vamos, que este libro es de ventas y no de autoayuda, la expansión en ventas. Que como decía antes, si no son productos perecederos debes buscar nuevos mercados o nuevas zonas. Ampliar tus horizontes para ganar más clientes, nuevos clientes. Si tu zona ya está saturada, debes abarcar zonas nuevas con clientes desconocidos para poder aumentar tus ventas. Pero tampoco puedes olvidarte de los clientes actuales, debes seguir dándoles servicio posventa si quieres seguir teniendo pedidos de ellos. Aunque no sean inmediatos, algo necesitarán, por lo que debes seguir estando ahí y tratando con ellos. Ganar un cliente cuesta mucho pero perderlo muy poco, con que le desatiendas un pequeño periodo de tiempo lo pierdes. Bien encuentra un producto mejor al tuyo o bien llega un comercial mejor que tú y le mete un producto que incluso puede ser peor que el tuyo. Buenos comerciales hay muchos, nunca te creas mejor que el comercial de la competencia. Lo que te hace mejor que él es tener más información del cliente que él. La información es poder. Y el que mejor se lleve con el cliente, obtendrá mejor información y podrá vender más. Por eso se necesita ayuda cuando uno se expande. El gimnasio no, que estoy hablando de la expansión en ventas, cada uno que haga con su peso lo que quiera. Yo llegué a pesar 100 kilos, y si cambié fue porque no me comía un colín, no por mi trabajo. Sinceramente, vuestra vida sexual me la trae floja. No habéis comprado este libro para que charlemos de ligues, es para ventas. Así que volvamos al tema, ayuda en ventas para poder expandirse. Lo que solamente se puede hacer con distribuidores, agentes o comerciales externos, externos a la oficina, en otra ciudad donde pueda estar más cercano a esos nuevos clientes que quieres abarcar. Porque lo más importante es alguien cercano al cliente para poder ganárselo bien. Si estás a más de 200 kilómetros del cliente, o te pasas el día en la carretera o no lo atenderás bien. Si te pasas el día en la carretera visitando a esos clientes, dejas de atender a los clientes cercanos y acabas perdiéndolos. Ha de ser bien estructurado para que todos estén bien atendidos por ti y tus colaboradores, no es necesario tu trato directo si tienes quien te ayude.

Una buena infraestructura de ventas es importantísima en una compañía. Es lo que permitirá crecer y aumentar las ventas. Aunque tengas al mejor comercial del mundo, o séase yo, las distancias son malas, muy malas para la expansión, por lo menos hasta que se haga realidad el transportador de materia viva de la película *La mosca*. Además tendrán que mejorarlo para que pueda teletransportar materia no viva también. Porque presentarte en un cliente mediante una cabina y aparecer en pelota picada puede ser bastante embarazoso, sobre todo si no te has quitado los kilos de más, menudo espectáculo. Solo pensar en aparecer así, sobre todo en alguna ingeniería que yo me sé, con unas secretarias que... Me entra vergüenza solo de pensarlo. No podría volver a mirarles a la cara, ni ellas a mí. Les entraría la risa floja y me tendrían esperando horas y horas hasta que se les fuese la risita. Son una horribles las distancias.

Para poder evitar el problema de las distancias están las llamadas fuerzas de venta: distribuidores, agentes comerciales, delegados de zona, comerciales externos, etc. Lo que se te ocurra puede servir, incluso tu primo el del pueblo, si tiene buena labia y le ayudas correctamente, podrás expandirte y aumentar tus ventas. Por eso se llaman fuerzas de ventas, para que no te tengas que esforzar hasta morir, debes conseguirlas ya que te ayudarán a conseguir más clientes. Pero tú también tendrás que ayudarles, asesorarles, cubrirles técnicamente y estar muy pendiente de ellos en todo lo que necesiten tanto técnica como comercialmente. Si te despreocupas de ellos, ellos se despreocuparán de ti y de las ventas, y no habrá servido de nada. Con los clientes es importante hacerte su amigo, pero con las fuerzas de venta es indispensable. Si te portas como un déspota pasarán de ti y se buscarán otra cosa que vender, desaprovecharás todo el tiempo invertido y los perderás. Se irán de tu lado y el puto comercial de la competencia, si está atento, se los quedará y encima aprovechará todo lo mucho o poco que les hayas enseñado. Y es que si no estás pendiente de ellos, lo mismo no están trabajando a tu favor y tú ni te enteras.

Tú creyéndote que tienes una buena fuerza trabajándote a muerte y resulta que tú y tus productos sois secundarios y se dedican a otros negocios, sin realizar esfuerzo alguno más que cuando te dignas a ir a verles.

Doy fe, pues a mí me pasó. Conseguí unos distribuidores que tenían muy buena pinta. Una empresa bastante grande, con unos veinte empleados, su red comercial, su personal de administración, almacén, etc. Era una compañía importante en la zona, con comerciales que podrían atender a los clientes de allí y conseguir que mis ventas se expandieran a una nueva zona. Era genial, qué gran acierto había dado consiguiendo hacer negocios con ellos. Me había costado tiempo, varias visitas donde no me había atendido nadie o el último comercial en llegar a esa compañía, que me escuchaba muy interesado y me daba esperanzas, hasta que veía que pasaba el tiempo y no había ningún movimiento. Con el gran interés mostrado y no había hecho nada, después de toda la chapa que le había soltado sobre nuestros productos, debería haber conseguido ya alguna consultilla, por muy pequeña que fuera. Pero nada.

Al final, gracias a un cliente que teníamos en común, ellos les vendían otros productos totalmente diferentes a los nuestros, conseguí audiencia con los responsables de ventas de la compañía. Unos tipos encantadores, supermajetes, con buena presencia y gran actitud en ventas. Todo parecía perfecto. Me enseñaron la oficina completa y sus instalaciones, me presentaron a todo el personal de la compañía. Sobre todo a las chicas de ventas internas, unas morenazas, encantadoras, unos tipazos, qué presencia, qué cuerpos, vamos que era una gozaba estar en esa oficina. Y claro, como soy el corrupto, prefería estar en la oficina que de visitas con sus comerciales. Me pasaba las visitas allí en la oficina dándoles charlas y presentaciones sobre nuestros productos, así podía ver a esas preciosidades, aunque eso no me conseguía ninguna venta, era agradable estar en su oficina. Hasta que me di cuenta de que lo estaba haciendo mal y así no venderían. Bueno eso y que conseguí quedar con ellas, no todas, una noche para ir a cenar y tomar luego unas copas. Donde, influenciado por el alcohol, me vine arriba y pensé, con lo educadas que son y lo bien que atienden cuando yo explico las cosas, estas están en el bote. Las tengo encandiladas con mi don de palabra y mi gran presencia. Viene un tipo de mundo, con gran experiencia, con arte y mucha clase, pensarán. Estas niñas están perdidas ante las garras del corrupto. Esta noche no duermo solo en el hotel. Y fui de una a otra picando flor cual abeja en época de polinización. Pero nada de nada, no conseguí ni un mísero beso de ninguna de ellas. Creo que no me han hecho la cobra tantas veces en una noche en toda mi vida. Todas muy educadas, pero nada, la cobra, que si tengo novio, que si estamos muy borrachos... Para eso he pagado veinte mil copas, para que os emborrachéis y poder aprovecharme de vosotras, pero qué va, no puede marcar ni un solo tanto.

La vergüenza me embargaba y ya no quería pisar esa oficina nunca más. Me planteé de nuevo toda la situación y me di cuenta de lo mal que lo estaba haciendo de cara a las ventas de producto y de obtener beneficio. Pues una de ellas, la más madura, y casada, me dijo que tenían orden de atenderme cada vez que fuera, pero que había muy poco movimiento sobre nuestros productos. Aunque estaba bastante pedo cuando recibí esa información, me hizo darme cuenta de que la había cagado con esa empresa y con sus empleadas.

Yo que me creía el puto amo y no era así. Estaba yendo a esa nueva zona guiado por mi lado corrupto donde las juergas y las mujeres me guiaban más que los negocios. Mi ego se había adueñado de mí poseyéndome como el mayor de los inútiles, esperando que los negocios se hicieran solos, con la esperanza de poder dedicarme a esas bellezas sin pegar un palo al agua. Menudo gilipollas fui.

Entre la resaca y la vergüenza, me puse a pensar en cómo podía mejorar la situación. Fácil, trabajando. Así que dejé pasar un tiempo prudencial para que se olvidara mi noche nefasta de dandi fracasado, para poderme poner a trabajar como Dios manda y cambiar la situación en la zona. De hecho, la compañía en la que yo trabajaba se me estaba quejando ya de la falta de cifras en la zona y la cantidad de viajes y gastos generados. Había que ponerse bien las pilas o me cortarían la cabeza. Así lo hice. Comencé a planificar visitas, pero con sus comerciales, evitando pasar por la oficina de ellos, sobre todo evitando tener que mirar a la cara a las chicas, por lo que quedaba con los comerciales en mi hotel y nos íbamos de visitas de cliente en cliente. Poco a poco conseguimos ir ganándonos clientes y pedidos. Tenían buenos comerciales, que necesitaban ayuda, soporte y conocer cómo vender nuestros productos. Ellos tenían una buena cartera de clientes, que junto a sus buenos comerciales y un poco de soporte y cariño, se tradujo en buenos pedidos. Empezaron a conseguir muy buenos pedidos y nos dedicábamos a dar buena imagen ante sus clientes. Todo empezaba a funcionar y, ahora sí, era genial. Llegaban consultas, ofertas, pedidos, incluso agradecimientos por parte de los jefes. Hasta que uno de los comerciales me dijo que al día siguiente teníamos que ir por la oficina pues los jefes querían charlar conmigo, qué putada. Aunque había pasado ya bastante tiempo de mi gran noche con las chicas, todavía me embargaba la vergüenza. No me veía con fuerzas para mirarlas a la cara pero tenía que ir, no se puede ser un cobarde, aunque la cagues has de dar la cara con la barbilla bien alta. Ahí estaba yo al día siguiente llegando a la oficina lleno de vergüenza pero la frente bien alta y cara de buen chico, como si no hubiera roto un plato nunca. Me recibieron los jefes y nos sentamos en un despacho a charlar. Estaban supercontentos de lo bien que estaba funcionando nuestro producto, lo bien atendidos que estaban sus comerciales por mí, el buen trabajo que estaban realizando las chicas de ventas internas, claro con tantas charlas que les había dado... Y al salir estaban todos los empleados, las chicas incluidas, en la recepción de la oficina esperando a que saliéramos del despacho como una jauría de lobos a la espera de una presa. Esto me cambio la cara de niño bueno y de triunfador, orgulloso por las palabras de los jefes, en cara de sorpresa. Mientras veía que todas las chicas estaban allí se me puso otra vez la cara de vergüenza, iba revisando la cara de cada una de ellas y estaban sonrientes con gesto de aprobación, por lo que ya sí que se me puso la cara de bobo total, vamos la habitual en mí. Uno de los jefes me dijo que estaban todos ahí para felicitarme, pues ese mes la mayor facturación, de entre todos los proveedores que tenían, la habían conseguido con nuestros productos. ¡Copón! Al final sí que había hecho bien mi trabajo. La cifra de negocio que habíamos generado era francamente buena para ellos y para la compañía donde yo trabajaba. Me aplaudieron y me dieron las gracias. Fue un momento realmente maravilloso.

En cuanto me puse a trabajar con ellos y dejé de pensar con la bragueta, todo funcionó correctamente y se consiguieron grandes logros para ambas compañías, vamos, buenos pedidos. Hay que estar centrados en el trabajo y la labor a realizar, nadie vendrá a hacerte el trabajo. Has de colaborar con ellos estrechamente si quieres recibir pedidos. Cuídales y te cuidarán, ayúdales y te ayudarán.

Cómo colaborar con las fuerzas de venta

Pues muy fácil, colaborando. Pero colaborando de verdad, estando muy pendiente de ellos, hablando con ellos por teléfono a diario, visitándoles frecuentemente, asesorándolos en ventas con nuevas ideas o desarrollando las suyas. Todo lo que se te ocurra que puedas hacer por y para ellos, hazlo. Aunque te parezca una chorrada, una idea de mierda, suéltasela, desarróllala con ellos y la podréis mejorar. Entre tú y ellos podéis discutir una idea totalmente absurda y darle forma, hacerla crecer, ir diciendo a cada tontería una mayor. De las mayores locuras surgen las más grandes fortunas. Y por eso no has de tener nunca miedo a soltar una chorrada, puede parecerte que estás diciendo una tontería, pero de esa tontería puede salir la más brillante de las actuaciones de venta. Lo que a primera vista parece descabellado y absurdo, puede esconder, en su interior, la más potente de las ideas que jamás alguien haya tenido, puede llegar a ser un volcán. No tengas miedo, suelta tus chorradas. Pero con moderación, mucho ojito. A ver si porque yo suelte esto ahora vas a pasarte el día diciéndole gilipolleces a tu jefe. Y luego le dirás:

—Es que eres poco creativo, de mis chorradas tendrías que sacar grandes ideas.

—Sí, chato. La mejor de todas, que deberías estar en el club de la comedia y no aquí. Ale, despedido —recibirás si te pasas.

No se trata de eso. Se trata de ideas que aunque te parezcan imposibles de realizar, comentándolas con los demás, se puede encontrar la forma de hacerlas realidad. Todos necesitamos ayuda, no somos tan realmente cojonudos como nos creemos o nos dice nuestra abuela. Por eso has de compartir tus ideas, y con nadie mejor que con tus compañeros y colaboradores de trabajo. Están en el mismo barco y también quieren crecer como tú, por lo que te escucharán y tratarán de ayudarte.

Suéltale tus ideas a tus compañeros comerciales, distribuidores, agentes de ventas y demás. Ellos también están para vender y te ayudarán. Sé paciente, no esperes de ellos las palabras deseadas. Escúchalos y entiende sus palabras, mira hacia dónde se enfocan y comprende el porqué de ellas. Al igual que esperas que tus ideas sean desarrolladas, las suyas también, y eso es lo mejor del diálogo, la buena charla, la charla de bar. ¿En cuántos bares han nacido grandes ideas? En muchos, eso está claro. Porque el alcohol te inhibe y deja escapar esas ideas absurdas, que son seguidas, o el desarrollo de ellas, por quienes están ahí contigo, también mamándose como piojos, obvio. Pero aportando apoyo y cariño, el cariño del alcohol, que todos sabemos que una de las fases de la borrachera es la exaltación de la amistad. Colaborando en dar forma a tus ideas y haciéndolas crecer como una florecilla a la que llega la primavera. Pero que no llegue la prima Vera u os descentraréis de la charla. Yo tenía un amigo que tenía una prima Vera y cómo estaba la niña... Era llegar ella y pasar de la exaltación de la amistad a la fase de violencia. Nos pegábamos todos por charlar con ella e invitarle a una copa. Ahí arrimando, cual pulpo Paul, a la campeona. Campeona de pibón, madre mía. Pero como siempre llegaba cuando ya estábamos medio *peo* o casi completo, se acababa asqueando de nosotros y dejó de venir, y por consiguiente, su primo.

Mierda, era el que mejores ideas aportaba o el que te las mejoraba. Él tío era creativo y un solucionador nato. Siempre te daba una solución para tu idea, le encontraba la forma de realizarla. ¡Consigue financiación! Claro, eso es lo que necesito, pasta. ¿Si quieres montar un negocio, qué necesitas? Pasta; lo normal.

Pero como la financiación no es algo fácil de conseguir y este libro no trata de montar un negocio, dediquémonos a trabajar las ideas en ventas, buenas o malas. Con la ayuda de tus compañeros podrás darles forma, mejorarlas, cambiarlas por completo o pulirlas. Lograrás realizar una idea con gran futuro. En cuanto a las ventas, si tus colegas te ayudan, podrás encontrar diferentes formas de atacar el mercado, llegar al territorio de la bestia. Quitarle terreno a la competencia. Si os unís, podréis ver cómo actúa la competencia y conseguir luchar contra ellos, pero si lo intentas solo, te será muy difícil. Si habláis de lo que veis día a día cada uno, y lo que os rodea, podréis descifrar el enigma del producto perdido, que ninguno ofrecéis porque no habéis tocado ese mercado, pero con la fuerza de un grupo, os decidís a atacar y conseguís un nuevo mercado. Todos a una, como en Fuenteovejuna. ¡Venga, tíos, vamos a probar con este mercado! Al principio costará, pero con la experiencia de unos y otros, encontraréis la clave y conseguiréis entrar en ese mercado hasta conquistarlo.

Soltar las ideas a tus compañeros será algo recíproco, pues ellos también querrán aportar las suyas, lo que dará más potencia de fuego al grupo. No importa de quién partió la idea inicial o quien la mejoró, sois un grupo y toda opinión vale. La única que no sirve de nada es la de quien no colabore con el grupo. Pero la gente que aporta, aunque sea traer las copas en los momentos de inspiración, es tan importante en la idea como el que la ejecuta a la perfección. Todos son importantes y así debéis sentiros. La grandeza de una venta no está solo en una persona, está en el equipo que tiene consigo. A mí, muchas veces, los clientes me han planteado dudas que no he podido resolver, pero no perdí la venta, la aplazaba un poco.

—Espera que te lo averiguo —soltaba para poder escaparme.

Llamaba a los técnicos, administración, logística o a mi puñetera madre, y le conseguía la respuesta. Al final conseguía la venta, con la ayuda de la gente que me rodeaba. Aunque muchas veces cogía y llamaba a mi madre, por charlar un rato con ella y saber cómo estaba la familia, las cosas típicas. Pero luego me presentaba ante el cliente, con la cara de sobrado, del que lo sabe todo, y le escupía a la cara una respuesta que me había inventado mientras mi madre me contaba las últimas aventuras de mis sobrinos. Era la más lógica posible y el cliente la aceptaba, por lo que conseguía la venta. Es mentira. Siempre buscaba la colaboración de mis compañeros para conseguirle la respuesta correcta al cliente. Aunque si la respuesta no le gustaba sí que me inventaba una buena excusa. Eso sí se me daba bien.

Yo si fuera pareja (por no especificar en la lucha de sexos) nunca me liaría con un/a comercial/a. No hay nadie como los comerciales para inventar excusas verosímiles.

—Cari, no puedo ir este domingo a comer a casa de tus padres, el lunes me han puesto una reunión y tengo que ir el domingo a la oficina a prepararla.

¿Qué buena, eh? Úsala si quieres.

—¿Y por qué no te vas a prepararla ahora y dejas de ver el fútbol bebiendo cerveza?

¡Porque soy comercial! Bueno, las tenemos mejores. Pero eso será en un libro más caro, solo para comerciales, espero que este lo lea más gente que no solo comerciales. Y si estás leyendo este y no eres comercial, y piensas: qué va, nosotros los... tenemos unas excusas mucho mejores. Esas son para no trabajar so pedazo de... Las nuestras son para poder seguir trabajando. A ver si no quién va a cumplir el domingo cuando vuelva a casa *tó mamao* de estar en la oficina, qué pedazo de garito, pues yo, que tendré que justificar que vino el jefe, le encantó la presentación que habíamos preparado, y por eso nos invitó a unas cervezas.

—¿Y ese olor a whisky?

El dire, que no le gusta la cerveza... se le cayó el vaso encima de mí, y de rebote en mi boca, no te jode. ¿Por qué no me llevaría los chicles de menta? Pero un comercial es capaz de estar así hasta trabajar, cumplir con los deberes conyugales y que se quede dormida de una puta vez. ¡Qué ganas de irme a sobar, después de quince argumentaciones!

Pero tú, lector, no. Que tengo que seguir contando cómo desarrollar las ideas. ¿O es que tú no tienes ideas? Pues sigue leyendo o marca aquí para mañana, ¿pero mañana, eh? No lo dejes para más tarde, que luego no lo terminas y no lo recomiendas a nadie más. Y si has seguido hasta aquí es porque te está gustando, continúa leyendo por favor.

Si te dedicas a seguir haciendo lo mismo de siempre, poco conseguirás mejorar, te estancarás, y eso, en ventas no es nada bueno. Has de ser consciente de que todo cambia, los clientes cambian, los productos cambian, las formas de vender cambian. Antes tenías que llevar un maletín lleno de papeles, folletos, demos, etc. Hoy en día vas con una tablet con toda la documentación, fotos cojonudas de tus productos, unos vídeos chulísimos que hacen que el producto le entre al cliente por los ojos. Te sientas con él a ver un par de vídeos de los productos que parecen el tráiler de una película y se queda con esa imagen en la cabeza. Zas, ya le has creado las ganas de comprarte. Ya es tuya la venta, con una simple tablet y unos vídeos. Mientras que antes tenías que llevar un maletín enorme y cargar con él todo el día, ahora con tu juguetito ya tienes todas tus armas de trabajo listas para conseguir la venta. Cómo cambia todo. Y es que la tecnología y sus avances están para aprovecharlos. Utiliza los medios nuevos para facilitarte la labor. Cuando yo empecé a trabajar no había móviles y podíamos trabajar, lo hacíamos, sin móviles pero se trabajaba. Ahora no podemos vivir sin el móvil, estamos perdidos sin él. Si sales de casa sin el móvil, ya puedes estar a kilómetros de distancia que volverás a por él. Es más necesario casi que comer. Puedes pasarte el día de cliente en cliente sin comer, pero como no tengas tú móvil, eres hombre muerto, te sientes desnudo, como si te faltase el aire.

Esas también son grandes ideas, utilizar algo nuevo para facilitarte el trabajo. Utilízalo tú y cuéntaselo a tus compañeros. Innovar. Hacer cambios en vuestra forma de trabajo, en vuestros elementos. Sorprende al cliente y ganaras más puntos en la venta. Yo como soy un jeta, y un friki de la tecnología, muchas veces me he pasado la visita hablando del móvil nuevo que se ha comprado el cliente, pasándonos apps y chorradas para el móvil sin hablar de trabajo. Y al final, como me había ganado al cliente, el trabajo se hacía solo. Conseguía la venta sin haber trabajado en ella. Solo haciendo el friki con el cliente y los móviles.

Pero hay que tener cuidado y prepararse bien las cosas. Una vez con un cliente, le iba a enseñar un vídeo cojonudo que me habían pasado los de márketing sobre uno de nuestros productos, era una joya. El vídeo tenía un musicón buenísimo, supermovido, con un desarrollo rápido y mucha acción, parecía el tráiler de una película. ¿Cuándo se estrena? El producto casi ni salía en el vídeo, pero era tan bueno que atrapaba. Se debían de haber gastado un pastón en el vídeo, porque parecía venido de Hollywood. Me encantaba, lo iba enseñando con el móvil a todos los clientes. Por aquel entonces no tenía tablet todavía, pero en el teléfono también quedada muy bien. Entonces me senté con el cliente, charlando tranquilamente, cuando me saqué el móvil.

—Te voy a enseñar un vídeo que te va a encantar —le dije fardando de móvil y vídeo.

Todo chulo desbloqueé la pantalla, le di a los vídeos y lo puse a reproducir, entregándole el móvil al cliente para que lo viera cómodamente. Él lo cogió, se lo acercó a la cara y se puso cómodo para ver qué aparecía en la pantalla. Yo veía cómo se le cambiaba el gesto y se le ponía una cara de sorpresa total. Qué buen vídeo, ya le está gustando. Y de repente, empiezan a sonar gemidos. Sí, sí, gemidos. Me levanté y me puse rápidamente a su lado para ver qué había en la pantalla. Dos pedazos de rubias practicando sexo. Era un vídeo guarro que me habían mandado en alguno de los veinte grupos de WhatsApp que tengo. Que todos se pasan el día mandando tetas y pornografía. Con lo que costaba, cuando yo era chaval, conseguir algo de porno, y ahora con que tengas WhatsApp ya tienes toda la colección que existe. Pero eso no era lo que yo le quería enseñar. Le quité rápidamente el móvil de las manos, mientras me disculpaba de mil formas distintas, con la cara más roja que un tomate. Tierra, trágame. Qué vergüenza pasé. Pero él no hacía más que descojonarse de la situación y de mi careto de atontado.

—Perdona que lo busco, no sé qué ha pasado, estos dichosos móviles —me disculpé mientras buscaba el correcto.

Al final, temblando como un flan, de la situación tan embarazosa, le conseguí poner el vídeo correcto. Le gustó mucho y logró que se interesase por el producto. Después de un rato de charla, ya más tranquilo, el pedido era mío. Aunque no estoy seguro si porque de verdad le había ganado el producto, o por lástima después del ridículo que había hecho yo. Pero el caso es que yo me llevé el pedido, y a él le pasé el vídeo de las dos rubias.

Lo importante de esta historieta es que cuando le pases ese vídeo a tus compañeros y colaboradores, se lo pases bien, el vídeo correcto para ayudarles a vender. Si luego les quieres pasar el otro vídeo para ayudarles a...

Logros en equipo

Tan importante es la relación con los clientes como con tus compañeros de trabajo. Has de tener un trato cordial y agradable con ellos. Por muy gran comercial que seas, los necesitas. No eres tú solo frente al universo, o frente a los clientes. Necesitas de la ayuda de los demás. Y cuanto mejor sea tu relación con los demás, más ayuda obtendrás. Que todos necesitamos ayuda, nos guste o no.

Un comercial debe llevar siempre la sonrisa en la cara. Aunque sea el peor de los momentos, con un marrón de los gordos, o la peor de las situaciones, que te cancelan un pedido, has de llegar con la sonrisa. Si pides las cosas con un «por favor» y dando «gracias», con educación, conseguirás mejor ayuda que si vas en tono prepotente y chulesco. Pues nadie querrá ayudarte y seguirán a lo suyo. ¡Anda, borde, que te den! Con una buena sonrisa, unas agradables palabras y educación, puedes conseguir lo que te propongas. Si le haces la vida más agradable a los demás, ellos te la harán a ti también.

Yo espero que este libro esté haciendo la vida un poco más agradable a mis lectores. Si, por lo menos, consigo que os echéis unas risas y alguna de mis ideas os ayuda en vuestra vida, habré conseguido mi propósito.

Cuando trabajas mano a mano con tus compañeros y se hace de forma agradable, al final consigues buenos amigos, no solo compañeros, el trabajo se te hará más agradable y fácil. Siempre es bueno estar contento con tu trabajo, y eso también lo consiguen los compañeros que te rodean. A todos nos gusta poder tomar un café sin hablar de trabajo, contando tus cosas o escuchando las de tus amigos-compañeros tranquilamente, desconectando de la labor durante un rato. O tomándote algo al terminar la jornada laboral, evadiéndote plácidamente mientras degustas una cerveza bien fresquita.

Cuando tienes problemas, si tus compañeros te aprecian, tratarán de ayudarte todo lo que puedan y se te hará más llevadero. Tú también debes hacer lo mismo y estar pendiente de ellos y de ver si puedes ayudarles de alguna forma. Poder ayudar a un compañero y conseguirlo da mucho placer. Además, te ganas un favor. Como dicen en la mafia, favor con favor se paga. Cuantos más favores te deban, más rico serás. Cuando necesites ayuda podrás contar con ella fácilmente. Un buen grupo de trabajo es aquel en donde todos se llevan bien y colaboran conjuntamente. Se cubren y complementan en sus labores y todo en ese grupo funcionará correctamente. Las personas estarán contentas y disfrutarán de su trabajo, realizándolo mucho más productivamente. Un trabajador contento siempre es más productivo que uno descontento o enojado. Piénsalo bien, aunque no seas comercial, trabajes en lo que trabajes, revisa tus últimos días laborales y evalúa cuál fue más productivo, el que estabas contento o el que estabas a disgusto. Seguro que te ha pasado, míralo bien. Si llegas al trabajo mal, rendirás mucho menos, todo será de peor calidad y eso se traduce en menos productividad.

Un buen jefe ha de ser un líder y gestionar el grupo de trabajo para que todos colaboréis y os apoyéis. Nunca se debe fomentar la competencia entre trabajadores de una misma empresa, eso crea subgrupos e inestabilidad. Se debe fomentar la unión y colaboración para crear el grupo más productivo que exista.

Tengo grandes amigos que al principio solo eran compañeros de trabajo. Ahora seguimos siendo amigos y es un placer para mí, y espero que para ellos. Quien tiene un amigo, tiene un tesoro. Si tienes muchos amigos serás muy afortunado. Por eso quiero tener muchos amigos, para que todos compren mi libro. Este es el mejor producto que puedo ofrecer y aunque no les guste, como son mis amigos lo compraran. Soy comercial, algo tengo que vender.

A lo que íbamos, los logros en equipo. Yo he participado en muchos y es fantástico. Siempre es una buena gratificación que la compañía valore los logros, aunque a veces haya que forzarlo. Los jefes no siempre están atentos pero no pasa nada porque se lo recuerdes, seguro que les gusta que les muestres que habéis hecho un gran trabajo, todos. En una de las empresas en que trabajé se asistía a ferias, esas donde te pasas el día de pie hablando con quien pase por tu stand, incluso aunque no sea cliente potencial de tus productos. Estas ahí todo el día y no paras de hablar. Yo, sobre todo, lo hacía con las azafatas que había en los stands de alrededor, tratando de conseguir algún teléfono o alguna cita. Van tan guapas que me pierden, no puedo aguantarme quieto y en cuanto no tengo con quién hablar, me escapo a darles conversación a ellas. Pobrecillas, si se aburren, ya las entretengo yo, y si encima les caigo en gracia eso que me llevo. Aunque una vez casi me llevo un bofetón por parte de mi jefe. Había llegado mi mejor cliente y yo estaba zascandileando de azafata en azafata. Me tenía fichado y rápidamente fue en mi busca para hacerme trabajar. Tras atender a mi cliente correctamente en nuestro stand, me cogió por banda para echarme la bronca por andar revoloteando con las azafatas en lugar de hacer mi trabajo que era estar en el stand. ¡Joder, necesito algún ratito para mí! Como ese día estaba crecido, pues había estado mi mejor cliente y, lo más importante, me había sacado el teléfono de una preciosa azafata, me vine arriba. ¿Me vas a echar la bronca? Pues alguna te he de liar. Y claro que se la lie. Empecé a comerle la oreja de que si estábamos todos currando como leones, aunque yo más con las azafatas, que si todo el día de pie, todos sonrientes sin quejarnos, que estamos todos haciendo piña y dando una gran imagen de la compañía, etc. Tenía que valorar el esfuerzo de todos los que estábamos allí y recompensarlo de alguna forma, debía hacernos sentir que estábamos realizando un buen trabajo para la compañía, y esta nos gratificaría. Así se hizo, se nos llevó de cena y copas. Al principio solo quería llevarnos de cena, pero le convencí que eso sería como un acto oficial más de la compañía y no se vería como un premio. Debería invitarnos a las copas de después para que todos nos sintiésemos recompensados y le conseguí convencer. Aceptó y nos fuimos todos de cena y copas. No éramos muchos, solamente unos ocho entre comerciales y jefes, pues la gente de oficina no iba la feria y no se les invitó a cenar, pero bueno así lo aceptamos. Nos llevaron a un sitio bueno, de los de cincuenta euros el cubierto, aunque como se nos fue la mano con el vino, subió un poco más, para descontento del pagador. El resto estábamos encantados con una buena cena en un elegante restaurante financiada por la empresa, el beneficio generado por los allí presentes y los que no, lo estábamos disfrutando. Estábamos todos muy contentos y no queríamos terminar con la velada, por lo que nos fuimos a un garito a tomar unas copas y seguir dilatando los festejos, pese a las negativas del jefe que decía que era tarde ya, pero no pudo negarse a tomar una copa con nosotros antes de irse. No hay nada más satisfactorio para un empleado que el que la compañía te pague las copas, parece que saben mejor, incluso si son de garrafón, como tú no las pagas están mucho más ricas. Iban cayendo una tras otra mientras lo celebrábamos todos contentos, nos sentíamos muy agradecidos con la empresa y algo beodos. Terminamos a las mil, y al día siguiente todavía había feria. Menuda bronca me cayó, y esta vez con razón. No llegamos ni uno a nuestra hora, casi todos con cara de resacón, algunos oliendo todavía a alcohol, el jefe nos repartió caramelos de menta y nos trajo cafés. Después enfiló a por mí, cuando ya me había tomado el café y me echó una bronca de cojones. Que si mira mi gracia, todos resacosos llegando tarde, que había sumado el gasto de la juerga y era un pastón... Pero la alegría y lo que todos habían disfrutado esa noche les hacía estar muy agradecidos, superaba la bronca y la resaca. Ese día, pese a las resacas, todos realizaron muy buen trabajo y se cerraron grandes pedidos. Todos sentíamos los colores más que los jugadores de cualquier equipo de fútbol.

Cuando logras una venta o entrar en un nuevo cliente con grandes posibilidades es un momento laboral muy bonito, te sientes orgulloso, feliz, pero ahí queda. Habrá quien te felicite y te dé una palmadita en la espalda, pero nada más. Se quedará en un momento tuyo y poco más. Sin embargo cuando es el esfuerzo del grupo de trabajo por conseguir una venta complicada, cuando sois más de uno los que habéis estado trabajando duramente por ello y se consigue, es un gran placer, como un orgasmo. Piénsalo bien, es mejor en compañía. Cuando sois varias personas las responsables del logro la celebración es mayor, el gustillo que queda en el ambiente, los abrazos entre unos y otros demuestran que la ayuda y la colaboración son platos para compartir y que llenan mucho más el alma del buen trabajador.

La vida de un comercial tiene muchos momentos de soledad, eres tú en la carretera, tú frente al cliente, tú de visita en visita, tú cenando solo, luchando por realizar tu trabajo. Pero recuerda que lo haces por y con una compañía detrás, con su respaldo y apoyo. Tienes tus momentos y tus compañeros los suyos. Lo bueno es juntarlos, comentar las experiencias de cada uno y apoyarse los unos en los otros, así se magnificará el grupo. Cuenta tus experiencias con los clientes, lo que les gusta, lo que no, cómo trabajan, cómo son, así si alguien tiene que tratar con él durante alguna reunión tuya, podrá hacerlo casi tan bien como lo haces tú y el cliente estará contento. Escucha también los problemas surgidos en la oficina para que cuando estés allí no te pillen de improvisto y te machaquen el día. La unidad hace fuerte al grupo.

El mayor logro de un grupo es tenerlo unido, todos bien avenidos, colaboradores y participativos. Pertenecer a un grupo así hace que te levantes por las mañanas tranquilo y sin estrés camino de la oficina, sabiendo que entre todos resolveréis los pormenores que os depare el día.

Vivir momentos de gloria

Los momentos de gloria para un comercial son muchos. Desde la venta imposible que nunca pensabas que ibas a conseguir hasta esa visita en la que nunca te dejan pasar y hoy te abren la puerta de par en par. Todo lo que sea un avance en tu carrera comercial, nuevos mercados, nuevos clientes, nuevos productos, etc., cualquier cosa que te saque de la rutina, te hará disfrutar del sabor de ser comercial. Esa nueva venta que, cuando tienes el pedido en la mano, la notas como una jarra de cerveza bien fría en pleno verano, refrescándote desde el primer sorbo cuando baja por tu esófago y te estremeces entero al contrarrestar el calor externo con ese líquido tan placentero. Qué bien sienta una cerveza fresquita. ¿Lo sabes bien, eh? Estás pensando en tomarte una. Hazlo, pero con el libro en la mano y continúa leyendo. No te vayas por ahí a tomarte unas birras y dejar aparcado mi libro, y si lo haces, que sea para contar a tus compañeros de cervezas lo bueno que es el libro y que lo compren. Para mí será un momento de gloria. Me habrás hecho el trabajo, tú les cuentas y ellos compran. Te pagaría las cervezas, pero lo que he ganado con el libro no da para tanto. Sigo siendo comercial y necesito venderme. Si me ayudas, la cerveza te sabrá más rica, ya verás. Y si no da igual, yo también necesito tomarme unas birras y para eso necesito que me hagas promoción del libro.

Los momentos de gloria para un padre son cuando nacen sus hijos, para un deportista son cuando gana, y para un comercial son cuando consigue un logro en su carrera profesional. Lo cual es un amplio abanico de posibilidades, por eso la vida comercial es muy amena. No eres un deportista que ha de ganar para conquistar la gloria, te sirve una buena venta, diferente, nueva, un poco especial, y ya te llena de satisfacción. También saldrás en los libros, que no solo los grandes deportistas o grandes artistas salen en los libros. Tú no saldrás en el *Marca*, el *As* o en *Cuore*, pero saldrás en los libros de contabilidad de la empresa. Vale que no tienen las mismas ilustraciones, falta la contraportada del *As*, si la tuviera entonces sí que todos los empleados lo leeríamos, ya te digo. Aunque sean los libros internos de la compañía, tus logros ya están reflejados en escritos. Y más te vale que sea así, porque si no apareces en los libros de la compañía, es que no estás haciendo una buena labor comercial.

Cuando estás en ventas, los momentos buenos y bonitos pueden llegar de muy diferentes formas, eso es lo que hace grande el trabajo del comercial. A mí me gusta mucho ser comercial, me divierte y he tenido muchos momentos de gloria, solo o al abrigo de mis compañeros de trabajo. Con tanto viaje y visita puede llegar ese momento sin nadie al lado para compartirlo. Aunque así sea, debes sentirte feliz y contento por lo conseguido. Disfruta tu momento. Analiza el resultado y párate a pensar cómo poder reproducirlo más veces.

Algunos prefieren el éxito en solitario. Obtenerlo y luego contarlo a quien pilla en el camino. Siendo el único protagonista del hecho, luchando unipersonalmente.

Me considero una persona bastante social, como creo debe ser un buen comercial. Prefiero compartir los momentos con los demás. Es bueno compartirlos, no debes quedarte todo el protagonismo, trabaja con más compañeros, que ellos también estén envueltos en esos buenos momentos te ayudara en la relación con ellos, que estén más contentos, el ambiente de trabajo será más agradable y más colaborador entre todos. Incluso si la gloria se la lleva un compañero y no tú, eso es bueno, todos saben que estás ahí colaborando, y aunque no sea tu momento, disfruta de tu parte de gloria, que ya es mucho. Haciendo importantes a tus compañeros, ellos te harán importante a ti, crearéis una simbiosis de trabajo y buena amistad que facilitará tu labor y la suya.

Un buen empresario debe saber lo importante que es tener un buen grupo de trabajo para que todo funcione correctamente y se obtenga mucho negocio. Tanto un buen equipo de comerciales como un buen soporte para estos son indispensables y necesarios. La información debe ser compartida a partes iguales, tanto desde el lado de quien está con el cliente como desde el lado de los que no. Es de gran ayuda, para el comercial, saber la información de dentro de la oficina, aunque no pase mucho tiempo en ella. La información debe retroalimentarse desde todos los puntos. Si administración tiene problemas con el pago de un cliente, se debe comunicar al comercial y que actúe en consecuencia, averiguando el problema y dándole solución en colaboración conjunta. Si hay un problema técnico y no hay técnico disponible para atender a tu cliente, mánchate las manos, quítate los anillos, intenta solucionarlo por tus medios, trata de arreglarlo o por lo menos ayuda. Aunque no lo consigas, el cliente estará contento por tu esfuerzo, y a tus compañeros les habrás ganado tiempo para poder ir otro día que estén libres. Además, si resulta que das con la tecla correcta, lo mismo hasta lo solucionas, el cliente te querrá más todavía y tus compañeros te valorarán mejor. No serás un «pasa-mierdas».

Para mí, los mejores momentos de gloria son los que he compartido con compañeros, me gusta disfrutarlos con la gente que me rodea. He tenido grandes pedidos que he celebrado cuanto he podido. Pero prefiero compartir esos buenos momentos, ya sea en forma de pedido, en colaboración con alguna fuerza de venta, solucionando un problema administrativo o incluso ayudando técnicamente. Me encanta conseguir esos momentos, porque si los compartes con alguien te podrás ir a celebrarlo, si lo vives solo no te vas solo a cenar y tomar unas copas, pues no, eso no es divertido, lo divertido es irte de juerga con tus compañeros.

Al igual que te gusta reunirte con la familia para comer y charlar, con los compañeros debes hacer lo mismo, compartir con ellos para hacer un grupo compenetrado y más eficiente.

Recuerdo cuando uno de mis compañeros se separó de su novia, lo estaba pasando bastante mal, nosotros nos llevábamos muy bien y trataba de ayudarlo y animarlo. Entonces surgió un proyecto, una posibilidad de venta de unos productos en Cuba. Sí, Cuba. Con lo que me gusta viajar y esto era en el Caribe, sol, sitios nuevos, bellas mujeres, todo lo que me gusta cuando me subo a un avión, aterrizar en un sitio nuevo para descubrir, conocerlas y trabajar. Bueno, trabajar no mucho, pero viajar sí. Como era un cliente mío, iba sí o sí, eso no me lo podía discutir ni quitar ningún jefe. Me aceptaron el viaje sin problemas y me puse a planificarlo con el distribuidor, preparando presentaciones del producto en cuestión y toda la información para llevarnos. Mi compañero-amigo, el que estaba chungo, era experto en ese producto, no había nadie que lo conociera tan bien como él, todos los detalles, todas las características, era una máquina y el mejor soporte, en ese producto, que podía existir. Y como yo soy el corrupto, se me iluminó la bombilla, a este le quito toda la tontería de un solo golpe, ya verás. Me senté con los jefes para contarles los preparativos del viaje, lo que íbamos a realizar, las presentaciones, demostraciones y todas las ventas que íbamos a conseguir. Les gustó mucho todo lo que les iba explicando, soy comercial, se lo vendí como si fuera un profesional, que a veces sí lo soy, pocas. Tan bien iba la reunión que me lancé, les veía tan contentos con todo lo que les estaba soltando, que probé a sacarles algo más. Les conté toda la ayuda que me había dado con el producto, que yo ya había vendido pero no lo dominaba al máximo como mi compañero, y desvié la conversación hacia él. Qué bien me salió la jugada. Ellos mismos soltaron lo que yo les estaba buscando, bueno uno casi me caga.

—¡Que vaya él! —soltó el muy desgraciado.

«¡Los cojones, es mi cliente y yo no puedo quedarme en tierra!», pensaba para mi adentro. Y no me quedé, claro que no me iba a quedar yo sin ir a Cuba, faltaría menos. Lo único que tuve que hacer fue buscar vuelos más baratos y nos fuimos los dos.

Él no estaba muy convencido de ir, con su situación no le apetecía mucho viajar, eran unas cuantas horas de vuelo, pero para llegar a Cuba, so cenutrio, no sabes lo que allí te espera. Trabajar, no te jode, para que te crees que te llevo, tú a trabajar que para eso conoces el producto, y yo me encargo de las relaciones públicas, que se me dan muy bien, sobre todo en lugares con bellas mujeres, que es cuando todo mi potencial de comercial se desarrolla y explota.

—¡Tú tranquilo! —le calmé.

Le engatusé y al final le convencí de que lo iba a pasar muy bien, pero trabajando duramente, claro está. Para eso lo llevaba allí, si no me habría tocado a mí currarme todas las presentaciones y charlas, que las de él, que ya me encargo yo de la logística de cuando no estemos currando.

La llegada a Cuba ya le deslumbró, si le quedaba alguna duda de que este viaje era una buena idea, se le despejó de golpe. Al bajar del avión, una azafata, bien guapa, estaba esperándonos con un cartel con nuestros nombres. Nos presentamos y nos indicó que la siguiéramos preparando nuestros pasaportes y papeles. Sin ningún problema, teníamos todo en regla. De repente una cantidad de gente en varias filas para pasar el control de inmigración, me dio un bajón, vamos a tardar tres horas en pasar el control, después de tantas horas de vuelo, qué coñazo. Pero no, ella nos guio y pasamos por una ventanilla sin esperar cola. Directos y adentro. Pasamos en el acto, los primeros sin perder ni un solo minuto. Éramos vips, muy vips, y así nos sentíamos, realmente importantes, nos habíamos librado de la tediosa espera. Después de tantas horas encerrados en el avión eso era como aparecer en una playa paradisíaca. Habíamos pasado el control, nos dirigía hacia la sala vip del aeropuerto mientras nos preguntaba cómo eran nuestras maletas, pues ella las recogería mientras nos recibía nuestro distribuidor. Nos recibió tomándonos una copa y charlando animadamente, hasta que la preciosa azafata nos trajo las maletas, qué momento, eso sí es calidad de vida. Te bajas del avión, no esperas cola y te traen la maleta degustando una copa de ron cubano fresquito.

—¡Así me hago yo todos los vuelos que hagan falta! —decía mi amigo, a quien ya tenía totalmente a favor del viaje y dispuesto a ponerse a trabajar.

Entre los dos, y con la gran ayuda del distribuidor, dábamos unas charlas interesantísimas. Él desde el lado más técnico, yo más comercial, y el distribuidor, que conocía bien aquel mercado, aportaba el toque que haría triunfar allí nuestro producto. Hacíamos un gran equipo, nos ganábamos a la gente con rapidez con charlas bastante amenas, tocando los puntos fuertes para meter allí nuestro producto, y deslumbrando con las presentaciones a los asistentes. Todos se quedaban después de la presentación para saludarnos y charlar un rato con nosotros. Creo, incluso, que en esas charlas ya se estaban cerrando algunos pedidos. Nuestro distribuidor estaba muy contento, mi compañero también, y yo, no del todo. Me faltaba algo, mucha venta, mucho trabajar, yo quería algo más. ¿Pedidos? No, esos ya me los pasaría el distribuidor. Yo necesitaba saber dónde se salía de cena y de juerga. Todo español, sobre todo si es comercial, lo primero que averigua son los mejores sitios para comer y tomar copas de allí donde viaje. No te creas que es por depravación nuestra, en mi caso sí, que soy un corrupto, pero normalmente lo hacemos porque eso te dice mucho de donde estás, cómo son y cómo puedes hacer buenos negocios. Los mejores negocios se cierran en los bares, y por eso debes conocerlos, es lógico. Mientras charlaba con la gente fui preguntando y averiguando, lo había prometido, me ocuparía de la logística cuando no estuviéramos trabajando. Conseguí mucha información, la gente me decía un sitio para tomar mojitos, otro para ir a escuchar buena música, de todo, saqué tanta información que no veía noches suficientes para ir a todos los sitios. Pero nunca hay que subestimar el buen aprovechamiento del tiempo, sobre todo si es de noche.

Salíamos todas las noches, no perdonamos ni una, aunque solo fuera a cenar y un par de copas, que se solían hacer bastante largas. Pero por las mañanas en pie estábamos, desayunando en el bufet del hotel y recuperándonos para la siguiente presentación. Menudos desayunos los de hotel, yo no soy de desayunar, un café y listo, pero cuando estás en un hotel a gastos pagados, te comes de todo: dulces, salados, incluso fruta. Así se empieza bien el día, una hora de bufet y ya puedes ir a vender. Los hoteles de La Habana son preciosos, tienen un encanto especial, los hay nuevos y los hay de la época de esplendor americano allí, pero son todos buenos hoteles, por lo menos a los que fuimos, no solo a dormir porque visitamos otros para ir a cenar. Algunos tienen la arquitectura de los años 50, los mismos ascensores y algunas mejoras, pero al final sitios muy acogedores. Es una ciudad que nos encantó desde el primer momento en que llegamos. Puede parecer una ciudad antigua, pero llena de historia y gente maravillosa, muy educada, siempre con una sonrisa en la cara. Son muy amables y hacen que te sientas acogido con la gente trabajando o tomando unos mojitos, sobre todo si se te va la mano con los mojitos.

Los dos bajábamos una hora antes de que nos viniesen a recoger para poder aprovechar bien el desayuno. Allí estábamos los dos, aunque nos hubiéramos acostado hacía una hora, allí estábamos, torerito de noche torerito de día, a cumplir. Seguíamos presentación tras presentación, cena tras cena y copa tras copa. En los lugares más variopintos, recorrimos todos los sitios que nos habían recomendado y alguno más. Como íbamos muy orgullosos de nosotros mismos, nos parábamos a hablar con todo el mundo, camareros, comensales, camareras, sobre todo camareras. Íbamos conociendo gente que nos recomendaba otros sitios o se venían con nosotros a seguir la juerga. Fue un viaje maravilloso, donde trabajamos mucho y disfrutamos más. Conocimos a mucha gente en las presentaciones, en los bares, por todos lados hablábamos con cualquiera. Los cubanos son gente sociable, con esas temperaturas, disfrutan la vida en la calle y son muy amigables. Lo que hace que puedas pararte a hablar con cualquiera, encantado de charlar contigo contándote cosas de su país, de cómo viven, cómo trabajan, una gran fuente de información que era un placer escuchar y saber tanto de aquel lugar.

Visitamos todos los sitios típicos, la Bodeguita de en Medio, el Floridita, el Hotel Nacional y muchos otros sitios que no son tan típicos, los paladares, casas de comida casera muy rica servida por gente llana y complaciente. Cada sitio era interesante y bonito para nosotros, nos traía recuerdos de la infancia, pues allí los avances tecnológicos no están tan a la orden del día como en España. Pero a diferencia de nosotros, ellos no los necesitan, con un poco de música y charla, un plato de comida y un trago te hacen pasar momentos increíbles contando historias de allí, anécdotas y formas de vivir bien diferentes pero llenas de felicidad. Una experiencia realmente gratificadora que te enseña mucho de dónde se encuentra la verdadera felicidad, no en las cosas materiales, sí en la buena gente.

Pero claro, ¿qué es lo que más me gustaba a mí del viaje? Pues que era un lugar con preciosas mujeres, un acento cautivador, unos rasgos deliciosos y unos cuerpazos, madre mía qué curvas. Por lo que yo me centraba en hablar con ellas más que con ellos, pero mi amigo no, tampoco las evitaba, pero se cortaba el muy moñas. Como es hombre, al final estaba prendado de la mujer cubana y se animó. Menos mal. Necesitaba ayuda o me volvería a España sin probar lo que más ansiaba de allí, un poco de cariño cubano, qué dulzura.

Una de las deliciosas cenas, nos pusimos a charlar con las camareras del restaurante, unas preciosidades, muy simpáticas, con unos uniformes muy correctos y profesionales, pero que dejaban entender cuántas curvas había debajo de ellos. Las bellas mujeres nos seguían el rollo y nos daban conversación, lo mismo para que siguiéramos pidiendo más vino y consumiéramos, pero era un momento genial, sobre todo cuando conseguimos su teléfono y quedamos para vernos el fin de semana. Debíamos pasar el fin de semana allí para que los billetes resultasen más baratos, qué idea más genial de las aerolíneas, esas son las ideas que las hace grandes empresas, porque si por mí fuera habría volado muchas más veces allí, y espero hacerlo.

Después de una dura semana de trabajo, presentando, demostrando, ganando clientes para nuestro producto, obtuvimos una gran recompensa. Quedamos con las dos chicas el sábado por la mañana para hacer un poco de turismo y que nos enseñasen La Habana. Las dos eran muy guapas y con unos preciosos cuerpos, pero a mí me llamaba más la atención una que otra, e intentaba quedarme a solas con ella en cuanto podía, pero se resistía, parecía que no se fiasen de nosotros y prefirieran estar los cuatro juntos y no quedarse ninguna sola. Esto me mosqueaba, a ver si al final se nos escapaban y no ligábamos una mierda. Pero eran muy agradables y continuamos con ellas todo el día, comiendo, paseando, visitando, tomando tragos, todo el día los cuatro juntos. La Habana tiene lugares preciosos para visitar. Por la tarde nos fuimos a bailar, lo decidieron ellas, genial, eso nos dará el momento de triunfar o caernos con todo el equipo. A bailar se ha dicho, y nos fuimos a un lugar precioso, al aire libre, con música en vivo, todo lleno de gente, las palmeras tapaban el sol en las mesas y se estaba muy agradable. Era una explanada de tierra con muchísima vegetación, una pista de baile justo delante del escenario donde había un grupo de música en vivo. Un lugar paradisíaco repleto de gente, había muchos turistas disfrutando la música de allí y el ambiente tan maravilloso. Y allí estábamos nosotros bailando y bebiendo, esperando el momento oportuno para atacar, yo lo tenía claro, sabía cuál quería, pero a mi amigo le daba igual, me lo ponía fácil. No tenía más que esperar el momento para atacar, pero ese momento se resistía a llegar, sin embargo, el momento de expulsar todas las cervezas había llegado, así que les dejé a los tres en la mesa y me fui al servicio tranquilamente, pensando en cómo sería el momento de atacar y cómo lo ejecutaría, fácil, bailando en la pista sería el momento de meter boca, esperando que no me hicieran la cobra. Resultará, pensaba mientras me lavaba las manos. Volvía hacia la mesa, distraído, pensando en ese momento triunfal en que conseguiría besar a esa preciosa dama. Cuando llegué a la mesa me encontré a la otra chica sola.

—¡Se han ido a bailar! —me dijo. Me cago en *tó*.

Efectivamente, miré hacia la pista y se estaban besando. Se lo había dicho, yo quería con esa, y él la estaba besando, o más bien ella a él, el muy panoli... Era ella quien se lo comía a besos y él disfrutándolo medio impasible, ¡serás capullo! La verdad es que él era mucho más guapo que yo, debería escoger él, pero yo soy más espabilado y por eso me aventuré a escoger, aunque siendo sinceros, ellas escogieron. No me quedó otra que sacar a bailar a la que me había tocado, y sin planificación ni pensamiento me puse a besarla y manosearla. Madre mía qué curvas tenía, debajo de la ropa se notaba un cuerpazo increíble, una piel suave y tersa, unos músculos bien definidos, la tía iba al gimnasio. Estaba muy potente y era un encanto, creo que nunca una segunda elección me había salido tan bien. Era una mujer muy cariñosa y caliente, nos pasamos el resto del fin de semana en el hotel disfrutando de los placeres de la mujer cubana y saliendo de la habitación para alimentarnos nada más. Fue un fin de semana increíble para mí y sobre todo para el que volvía a ser mi amigo, más que un compañero, a quien se le quitó la tontería para siempre. Aunque no del todo, porque se pasó unos meses colgado de ella, gastándose un pastazo en llamadas internacionales y buscando la forma de conseguir otro viaje allí. Pero lo habíamos hecho tan bien que ya no eran necesarias más visitas, por el momento.

Competencia

La competencia siempre está ahí, con productos mejores, peores o diferentes. Pero siempre existe competencia. Y es sano. No debes odiarla, ni despreciarla, no la evites, es bueno tener competencia. Si fuera un producto único y exclusivo, no tendría que venderse, lo comprarían y ya está. No hacen falta comerciales para algo único.

Para un buen comercial es tan necesaria la competencia como un buen producto. Te hace ser más activo, no deja que te duermas ni abandones tu labor o perderás los clientes. La competencia está al acecho para, en el momento en que te descuides, robarte los clientes. Pero tú también haces lo mismo. Acechar a sus clientes intentando ganártelos y quitárselos. Es la naturaleza del negocio. Hoy se negocia con unos y mañana con otros. Los clientes van cambiando de proveedores, bien por no estar contentos con el comercial, con el servicio o con el producto. Van probando productos de una marca u otra hasta que encuentran el que más les encaja, que no ha de ser ni el de mayor calidad ni el de mejor precio, simplemente es el que les encaja. Ya sea por el servicio, por el buen comercial que los atiende o porque, sencillamente, tus productos le gustan más que los de la competencia.

Muchos comerciales dicen: «¡Ojalá no tuviera competencia!». ¡Error! Si no hubiera competencia, tú no serías necesario y no tendrías trabajo. La competencia es muy necesaria, indispensable. Debes conocer a la competencia y sus productos, averiguar qué ventajas y diferencias hay entre tus productos y los suyos. Conocer cómo venden, qué potencian, cuál es su mejor y su peor producto. Debes conocer bien a la competencia para poder ganarles. La información es poder.

Cuando estés con un cliente nunca debes atacar a la competencia, ni cuando el cliente no sea tuyo y compre otras marcas, no ataques. Habla con el cliente, deja que te cuente, que te diga sus experiencias con los otros. Indaga, investiga, deja que el cliente hable, no te pongas a soltarle tu rollo y nunca ataques los productos que está consumiendo. Debes escuchar atentamente al cliente, averiguar qué le gusta y qué no de los productos. Trabajar toda la información que puedas obtener es fundamental y te dará la victoria. Averigua qué puntos de tus productos le pueden interesar al cliente que los otros no tienen y muéstraselos con paciencia. No esperes que el cliente se lance, sé paciente. Enfoca tus productos en los puntos que al cliente más le pueden interesar y gustar. No ataques los productos de la competencia, habla como si no los conocieras. Como ya hemos dicho, el cliente siempre tiene la razón, o eso es lo que le debes hacer creer. Que piense que es él el que está tomando la decisión. Ve metiéndole las ventajas tuyas por los ojos, suavemente. Si le atacas o te muestras agresivo, se cerrará y no te escuchará, debes hacerlo calmadamente. Que él vaya queriendo que le cuentes más de tus productos, que te pregunte, que se muestre interesado por lo que le estás mostrando. Y en ese momento, será cuando estés vendiendo de verdad. Aunque el cliente se crea que es él quien toma la decisión de cambiar, se lo estas generando tú. Gracias a tus conocimientos de tus productos, de los productos de la competencia y, sobre todo, de las necesidades o preferencias del cliente, conseguirás llevarte el cliente.

Hay clientes que solamente quieren el mejor precio. Ahí debes averiguar cuál es el mínimo requisito que debe cumplir el producto y busca dentro de tu catalogo el más esencial de ellos para ofrecérselo al mejor precio posible. No intentes venderle la moto, ni meterle un producto mejor, de mejor calidad si no lo quiere; no quiere gastar más, ni lo necesita. Limítate a cumplir el mínimo que te está solicitando y dáselo. Pero si él te marca el precio y puedes darle un producto mejor por ese precio, ofréceselo, contándole las mejoras que puede suponer ese otro, pero siempre ofreciéndole también el mínimo requerido. Dándole ambas alternativas, él se sentirá mejor atendido. Será él quien tome la decisión de lo barato o algo mejor. Pero tú serás quien consiga la venta.

Al cliente hay que ofrecerle lo que necesita, nunca algo mejor, a no ser que él te lo pida. Si él te lo pide, porque necesita un producto mejor que el que ya tiene, has de escuchar y entender bien sus requerimientos para poder cubrírselos. Buscar el producto más adecuado para él y ofrecérselo cumpliendo con las necesidades marcadas. Busca punto por punto y consigue completarlos todos para darle la mejor solución posible. Consiguiendo eso te ganaras un gran cliente. No hay nada mejor que un cliente agradecido. Ese es el que ha probado varios productos similares y no consigue el que le satisfaga totalmente. Pero si tú se lo procuras no serás un comercial más. Te verá como su asesor, como algo más que un comercial, como el tipo que le ha solucionado lo que no lograba con otros productos. Conseguirás que el cliente te quiera. Cuando tenga tu producto, y haya conseguido el efecto deseado, ese será un cliente muy agradecido. Y tú te sentirás como el mejor comercial del mundo, pues darle justo lo que necesita te dará una gran satisfacción, la misma que tendrá él. Y por eso no querrá escuchar a la competencia ni probar más productos.

Tenía un cliente al que le había solucionado muchos problemas gracias a los productos que tenía en cartera. Era un buen cliente, con bastante consumo anual, por lo que le visitaba bastante a menudo y teníamos una relación por encima de lo meramente comercial, éramos amigos. Era una compañía grande con su departamento técnico (al que pertenecía él), departamento de compras y demás departamentos de las grandes compañías. Necesitaban un producto específico que yo ya les había suministrado varias veces y estaban bastante contentos. Pero había llegado un tipo de la competencia ofreciéndoles el mismo producto más barato. Los de compras estaban a punto de pasarle el pedido a la competencia cuando me llamó y me dijo que fuera a visitarle. Me plante allí como un rayo para que me contara lo que estaba pasando. Nos sentamos tranquilamente en su despacho, a puerta cerrada, y me contó todo; dándome la información de las necesidades de su compañía y todos los datos del producto de la competencia. Nos pusimos, ambos, a estudiar la situación con toda la información sobre la mesa, revisando las necesidades, las características, todo. Estuvimos más de una hora leyendo la documentación y desgranando punto por punto lo que teníamos delante de nosotros. Teníamos la mesa cubierta de papeles, fotos, diagramas, etc. No parábamos de analizar todas las hojas como locos rebuscando, como si fuéramos a encontrar una pepita de oro en alguna de las hojas y hacernos ricos. Nos pasábamos los papeles de uno a otro, leyéndolos una y mil veces. Parecía que estaba todo perdido y que aquella vez la competencia me había fulminado. Una cuenta que era mía desde hacía tanto tiempo me la iban a quitar, con todo el tiempo que yo había invertido en este cliente, se me iba a escapar. Dejamos todos los papeles sobre la mesa mientras nos levantamos para irnos a tomar un café, el café de la derrota, pues él tampoco quería utilizar otro producto que no fuera el ya utilizado. Pero él no tenía la última palabra y debía hacer su trabajo respetando el de sus compañeros. No nos quedaba más que resignarnos y tomarnos un café tranquilamente. Cuando nos disponíamos a salir de su despacho para irnos a la máquina de café, eché un último vistazo a la mesa, repleta de papeles, y como si de una película se tratase, en una de las hojas se iluminó un párrafo, se me apareció como alumbrado por una luz celestial. Me lancé a por ese papel, tirando todos los demás de la mesa. Le dejé el despacho hecho un Cristo con todos los papeles por el suelo. Pero tenía en la mano el papel de la victoria. Eran las características del producto de la competencia. Y la luz celestial apuntaba a una de esas características, que no era conforme con los requerimientos del cliente. Era mi santo grial en esa lucha contra la competencia. Lo leí tres veces seguidas, mientras mi cliente alucinaba de cómo le había dejado el despacho en un solo instante, sin saber qué estaba pasando por mi mente al hacer eso, ni entender mi cara de *joker*, desfigurada por una gran sonrisa perversa que me provocaba la lectura que estaba realizando.

—¡Macho, léete esto! —le solté pasándole el papel e indicándole ese punto fatídico para la competencia, pero victorioso para mí.

—¡Eso no podemos utilizarlo nosotros, no cumple con nuestros estándares de calidad!

Agarró el papel y desapareció corriendo, como alma que lleva el diablo, dejándome a mí intentando ordenar todo el destrozo, recogiendo todos los papeles y que no pareciera que había habido una guerra allí. Que la había habido, por lo menos una dura batalla contra la competencia, que había conseguido ganar. Cuando él volvió ya estaba el despacho recogido y nos fuimos a comer.

—¡Les he dado ese papel y esta tarde tendremos una reunión! —me informó alegremente.

Nos fuimos a comer un menú del día rápido, pues él tenía reunión por la tarde y no era día de comilona.

Al día siguiente, mientras estaba en el coche, entre visita y visita, me llamó.

—¡¿Has visto el mail?! —gritaba al otro lado del auricular.

Le expliqué que estaba en el coche, había salido de una visita y me iba a otra, no había podido mirar el mail. Pero estaba ya aparcando para llegar a la siguiente visita. Tenía el manos libres del coche y podía hablar con él y mirar el móvil. ¡A ver, que miro el mail! Y allí estaba, el pedido era mío. Había ganado. Pero gracias a que el cliente era algo más, un amigo.

Preparación de la visita

El momento más importante para un comercial es la visita, es como el examen para un estudiante. Es el momento en que todo tu trabajo se va a convertir en valor o se va a esfumar todo el tiempo invertido en formación, estudios, conocimientos y en formarte como comercial. Por muchos conocimientos que un comercial pueda tener, si no lo hace bien en la visita no servirán de nada, todo caerá en saco roto y no se rentabilizarán el tiempo y esfuerzo invertido. La inversión de la compañía en ti, como comercial, si no eres capaz de ganarte las visitas, no servirá de nada. Hay gente que no sirve para visitar, se cortan, les da vergüenza, se les traba la lengua y no pueden articular palabra. A mí me pasaba de estudiante en los exámenes, llegaba y se me olvidaba todo lo estudiado. O es que no había estudiado, ya no me acuerdo. Bueno, lo importante, es que no todo el mundo sirve para cualquier cosa, y hay gente que no sirve para visitar. Yo he conocido mucha gente que delante del cliente se congelaban, no eran capaces de soltar una sola palabra, pero luego estando en la oficina, sentados delante del ordenador, con el teléfono en la mano eran capaces de resolverle al cliente lo que fuera, lo atendían, escuchaban, hablaban y conseguían al cliente, pero delante de ellos no. Eso se llama miedo escénico del comercial, ser capaz de realizar trabajo comercial pero no en presencia, venirse abajo y no conseguir entablar dialogo con el cliente. Sucede bastante y es una putada, porque es gente muy capacitada, pero incapaz de estar cara a cara con el cliente. A mí, al principio, me pasaba cuando tenía que dar charlas con más de cinco personas, me ponía nervioso y me costaba mucho esfuerzo, no estaba fluido, tenía que seguir un guion o me quedaba en blanco. Al final, me acostumbré y las hacía a mi estilo, informales, rompiendo el guion, saltando la presentación de un lado a otro sin respetar el orden, un poco caóticas. Pero procuraba involucrar a la gente que había en la sala y al final centraba la charla en las preguntas e inquietudes de los allí presentes, por lo que conseguía su interés y acababan siendo fructíferas. Las convertía en un debate más que una presentación y procuraba meter algún chiste o anécdota divertida, como hago en este libro, para que se hiciera más amena y cercana al público y no se me quedasen dormidos. En algunos casos para romper la monotonía les ponía un vídeo, tiraba algo al suelo o se me escapaba un gallo para romper el ritmo y despertar a más de uno. Lo más importante siempre es captar la atención o no servirá de nada.

¿Cómo preparar una visita? Una visita la empiezas a preparar desde el día que naces, todo lo vivido te va a ser muy útil en la visita, no solo es lo que sepas del producto que vas a ofrecer, que también es importante, sino que delante de un cliente todo es necesario: saber de fútbol, aunque no te guste, es necesario; conocer la política o por lo menos los nombres más importantes también ayuda. Lo que viene llamándose culturilla general, te hace ganar puntos con el cliente. Has de conocer, lo mejor posible, tus productos y lo que vas a ofrecerle, has de conocer quién es el cliente, o la compañía donde trabaja, a qué se dedican, qué hacen y cómo lo hacen. Si vas a vender a una empresa, siempre debes investigar qué son, mírate su web, averigua si invierten en I+D, si tienen fundación o colaboran con alguna, si se preocupan por el medio ambiente, si fomentan la integración... cualquier dato que obtengas te puede beneficiar en la visita. Una buena visita no debe tratar únicamente de hablar del producto a vender, debes darle un poco de charla, un poco de vidilla, para que no sea algo aburrido y tedioso para el cliente. Si solo hablas del producto, o es el producto deseado por el cliente o no habrá servido de mucho tu visita, el cliente tendrá en la mente el producto pero no recordará ni tu cara ni tu nombre, y si no le ha interesado en la primera visita ni te responderá al teléfono.

Un buen comercial es aquel capaz de vender un producto aunque sea malo, porque se ha ganado al cliente y este es quien decide comprártelo, porque le has caído simpático, le has pasado una aplicación nueva para su móvil o porque sois del mismo equipo de fútbol. Por lo que sea, pero te has ganado el cliente. Para eso necesitas mucho más que el mejor producto del mundo, necesitas de todos tus recursos, toda tu experiencia en la vida, cualquier cosa te puede ayudar. Ten siempre en cuenta cuando vayas a vender algo a otra empresa que quien tienes enfrente es un trabajador como tú, incluso aunque sea el dueño de la empresa es uno más en esa compañía. Debes tratarlo como si, para ti, él fuera el hombre más importante de esa compañía, pero no le veas como una empresa, es un ser humano, una persona como tú. Por eso debes tratarle con naturalidad, estas frente a una persona no un robot, una persona como tú a la que le gusta el fútbol, la política, el golf, la tecnología, la moda, lo que sea. Hablar de otros temas que no sean de trabajo le puede crear un momento agradable y hacerle olvidar el trabajo por un rato, se quedará con tu cara. Cuando vuelvas al tema del producto te habrás ganado unos cuantos puntos más para conseguir la venta. Yo he oído a cliente decir:

—¡Yo compro lo que venda fulanito!

Por confianza, amistad, sobornos, da igual, ese cliente ya tiene dueño, quiere a ese comercial por encima de todo y le compra con los ojos cerrados.

Un buen comercial es un buen relaciones públicas, capaz de ganarse al cliente sin necesidad de hablar de trabajo, solamente ganándose al cliente en confianza o amistad. Yo siempre he tenido la opinión de que un buen comercial es 50 % relaciones públicas y 50 % técnico. Debes saber tratar a la gente y hacerle pasar un buen momento junto a ti. Pero también debes conocer bien lo que comercializas para vender lo correcto.

Si eres comercial y estás leyendo este libro seguro que se te viene a la mente alguna vez que has perdido una venta y has dicho ¡se lo ha comprado a su colega! Pues claro, somos latinos, y si con este me voy a ir de juerga o a jugar al golf, se lo compraré a él. Yo por eso he aprendido a jugar al golf, aunque tuve que dejar de ir con clientes porque soy muy malo. Le di un bolazo a uno, casi le pierdo del todo, no solo de cliente, qué momento más chungo, porque si escalabras a alguien da igual, para eso está el seguro, pero si le das a un cliente, tierra trágame. No le di fuerte, con lo malo que soy, no me salen golpazos tremendos, fue una bola saltarina que salió hacia atrás y le dio en el hombro, se llevó un buen golpe y ya no me quería tanto como antes. Desde entonces me quedo en el bar y me tomo las cervezas con él cuando termina de jugar al golf.

Llegando ya a la visita, si estas en el despacho o en la casa de un cliente fíjate bien en todo lo que hay alrededor, mira qué tiene y averigua qué le gusta, cuáles son sus pasiones, si tiene cosas de la competencia, folletos, regalos, etc.

La información es poder, cuanto más sepas de él, más poder tendrás para conseguir la venta. Si son cosas que no sabes o desconoces, averigua, lee sobre ellas, instrúyete un poco, prepárate para darle charla sobre los temas que a él le pueden gustar y llamar la atención, así conseguirás más puntos para ganártelo. Cuando te prepares la próxima visita piensa en él, piensa en lo que has visto y averiguado, no vayas de sabelotodo, pero sí de saber un poco de todo, o lo suficiente para poder hablar de eso y que él te cuente. Yo cuando estaba empezando en el golf y alguno de mis clientes jugaba, me daban consejo, cómo debes agarrar el palo, el swing correcto. Si les hubiera escuchado lo mismo no la habría liado, pero a lo hecho pecho.

Cuando iba a ver a algún cliente muy futbolero, llamaba antes a mi padre para que me diera el parte del partido del día anterior y me hiciera un resumen. Así podía darle al cliente un poco de charla sobre fútbol antes de intentar clavarle mis productos sin piedad. Pero nunca vayas de sobrado o la cagas. Yo soltaba el resumen con las opiniones de mi padre y el cliente las suyas.

—¿Pero de verdad crees que CR no hizo un buen partido, tú viste el partido? —me pillaba.

Claro que no, pero hazlo con gracia y no se mosqueará.

—¡Estaba en un bar con unos colegas y me puse a charlar con las camareras, que había una...! —me disculpaba rápidamente.

Así no quedas como un mentiroso, estás disculpado. Y si es más que un cliente te preguntará:

—¿Dormiste solo?

El trato con el cliente debe ser un trato amable, de tú a tú, de trabajador a trabajador, no seas una máquina de vender, no seas solamente comercial, has de ser también un tipo cercano, un hombre de carne y hueso, sé natural. Por supuesto, en temas que domines y el cliente también expláyate, deslúmbrale, pero sin pasarte, no vayas de prepotente. Más vale una hora de amena charla que cinco del producto, ganarás más puntos. Pero que no se te vaya la pinza con lo que te estoy diciendo, no te vayas a pasar el día de charla con los clientes sin vender, que tu empresa te capa.

Tenía un buen cliente de otra ciudad que compraba un montón, el hijo del dueño era como yo, joven, guapo, soltero y un poco golfo. Lo de guapo lo digo porque me da la gana, y lo sabes. Pero nos llevábamos muy bien los dos, desde la primera visita ambos sabíamos que éramos dos calaveras bien avenidas. Él me ayudaba un montón, me pasaba mucha información cada vez que su empresa tenía que comprar algo, él intentaba que fuera alguno de nuestros productos y me avisaba corriendo.

—¡Tío, necesitamos un equipo que haga esto y esto otro! —me explicaba urgentemente.

—¡Yo te lo consigo!

Me ponía a trabajar con los técnicos, con mis compañeros por si alguno sabía cómo cumplir con eso y se lo conseguíamos. Le pasaba la información y él me organizaba una reunión allí, reunión y cena o comilona, pero siempre con juerga. Pues a ambos nos gustaba mucho salir de noche. Lo averigüé en la primera visita, tenía que aprovecharlo para ganármelo. Además, es de las cosas que menos me cuesta hacer.

Una vez más, así lo hicimos. Me organizó la reunión por la mañana temprano y me fui para allá la tarde anterior. Yo pensaba esa noche cenar con él pero de tranquis y preparar la reunión del día siguiente con la información que él me pasaba de lo que habían mirado ya, el precio, etc. Nos fuimos tranquilamente a cenar mientras me iba comentando los puntos fuertes y en los que tendría que pegarme al día siguiente si quería el pedido. Me ayudaba siempre en todo. Durante la cena empezó a comentarme que había conocido el fin de semana a unas estudiantes de fuera de la ciudad y que esa noche había quedado con ellas a tomar algo, quería que fuéramos con ellas después de cenar. Me negué rotundamente.

—¡Mañana tenemos la reunión, es un pedido gordo, no me la puedo jugar!

Pero como soy el corrupto, me dejé embaucar fácilmente y nos fuimos a tomar algo con ellas. Eran unas preciosidades, encantadoras, guapísimas, estudiantes de enfermería, pero para ser estudiantes unas chicas muy vividas, se podía hablar con ellas de todo. Empezamos copa va copa viene charlando tranquilamente cuando nos dieron las cuatro de la mañana, qué rápido pasa el tiempo cuanto te lo estás pasando bien, en buena compañía. Yo le insistía en irnos, dado que al día siguiente teníamos una importante reunión, y ya podríamos verlas la otra noche sin ataduras. Pero este nada, estaba acaramelado con una de ellas y no se quería ir. No había forma humana de que se fuera, pero yo no podía ya más o no tendría cuerpo para la reunión, así que me fui al hotel a dormir un rato.

Al día siguiente, a la hora acordada, yo estaba en el *hall* del hotel esperando que me pasara a recoger para irnos a su oficina a la reunión. Pasaba el tiempo y este no aparecía, no respondía al teléfono ni a los mensajes, daba apagado o fuera de cobertura y el tiempo pasaba. Ya me había tomado tres cafés y me estaba preocupando por no tener noticias de él, por lo que me decidí a tomar un taxi e irme a su oficina. Cuando llegué la gente me pregunto por él, todos sabían que habíamos quedado para cenar la noche anterior pero, al igual que yo, nadie sabía nada y la hora de la reunión había llegado. Tras varios intentos más de comunicarme sin éxito, nos sentamos a mantener la reunión, solo ante el peligro. La preocupación me tenía atontado y la reunión estaba siendo un fracaso, no entendía lo que me preguntaban y mis respuestas eran esquivas y sin contenido. Todo estaba saliendo mal, la reunión era insustancial y me estaba alejando tanto del pedido que me sentía en el polo Norte. No tenía mucha resaca de la noche anterior pero mi cuerpo estaba enfriándose y mi cerebro congelándose. Les veía mover los labios, pero era como si hablaran otro idioma, no entendía nada. Y de pronto me salta un mensaje en el móvil:

—¡Estaba sin batería en el móvil! ¡Estoy de camino! —leí con gran placer.

Por fin, so cabrón. Estaba ya con escarcha en las pelotas cuando la sangre empezó a regar todo mi cuerpo, como si atravesase toda la corteza terrestre desde el polo Norte hasta la sala de reuniones, me planté ahí otra vez vivo, con fuerzas y hecho un toro para envestirles. Comencé a preguntarles por el proyecto, les hice repetir, a regañadientes, todo lo contado ya, y comencé a vender como un titán. Las palabras salían de mi boca con una energía que les estaba perforando sus cerebros. Me vinieron a la mente los puntos clave que me habían informado la noche anterior y se los clavé uno a uno sobre la mesa. En un momento había pasado de la extradición total a ser el rey. Me los estaba ganando a todos y ya podía oler el pedido. Ya estaba todo aclarado y solamente faltaban unos puntos sobre formas de pago y cosas así, que eran las habituales en todo el tiempo que llevábamos trabajando. De repente, el muy capullo entró en la sala como una exhalación y se sentó a mi lado, se veía que se acababa de duchar y cambiarse de ropa, con la elegancia que tenía siempre, pero unos ojos enrojecidos delataban que había dormido poco.

—¡Me he pasado toda la noche con esta en su casa dándole candela de la buena! —me soltó al oído, en un susurro que solamente yo pude escuchar.

Se me escapó una risotada absurda y todos se callaron, pues era el hijo del dueño, pero no se libró y le echaron la bronca:

—¡Encima de llegar tarde, vas a distraer la reunión...!

Pero retomé la conversación pausadamente y sin acritud, calmando las cosas y cerrando la venta como un triunfador, además las malas caras se las ponían solamente a él.

Todo había salido bien pese a pequeños problemas de preocupación y desconcentración, pero se habían conseguido superar. Yo tenía el pedido, él chica nueva y era momento ahora sí de irse de celebraciones. Quedamos a cenar con su nueva novia y sus amigas, estuvimos toda la noche de juerga hasta las mil, de bar en bar, las copas, del trabajo bien hecho, caían sin parar. Yo estaba en pose de triunfador, chistoso, ameno, muy lejos del momento polar de la mañana, era todo encanto y las amigas de esta se me arrimaban a divertirse. Y claro, si se arrima... Dormí acompañado de una de ellas hasta que llegó la hora de volverme a Madrid y dejar en aquella preciosa ciudad dos triunfos, uno profesional y otro personal. Estuvimos llamándonos un tiempo pero al poco dejé de saber de ella y ella de mí, fue una aventura de una noche que mezclada con la venta conseguida le daba un sabor más dulce al tema aunque no durase mucho, casi tanto como mi amigo con su nueva novia. La siguiente visita que le hice ya estaba con otra distinta.

Tenía la reunión perfectamente prepara para haberlo conseguido sin esfuerzo. Conocía la empresa, poseía un aliado dentro, tenía el producto adecuado y era cosa de coser y cantar. Casi la pierdo por elementos externos y falta de concentración. Somos humanos. Al final me pude centrar y volver al trabajo realizándolo a la perfección y cumpliendo objetivos.

Por muy preparada que tengas la visita, puede haber algo que te aleje del objetivo. Nunca pierdas la calma y la concentración.

Los diferentes clientes

Para gustos los colores. Pues igual pasa con los clientes, que puedes encontrar de todo tipo, desde el amable, el grosero, el tímido, el charlatán, etc. Cada cliente es un mundo, son personas como tú, tienen sus gustos, inquietudes, vivencias, como una persona más en el mundo. No son especiales ni dioses, son terrenales también.

En mis años de comercial, me he encontrado clientes muy variopintos y nunca los catalogaría como buenos o malos. Más bien diría, en los que he conseguido vender o no vender. Te pueden caer mejor o peor, pero al final lo que pretendes es conseguir vender, realizar tu labor. Por eso yo los catalogo en «clientes», «más que clientes» y «amigos». Me baso en mi punto subjetivo sobre la relación lograda con los clientes que he tratado durante mucho tiempo.

«Cliente» es, para mí, aquel al que le has vendido algo, si no le has vendido y solamente visitado, pero sin conseguir ni una venta, ni lo considero cliente. Basándome en la relación mantenida, es con quien únicamente ha existido un trato profesional, sin salirse de ahí. Es aquel con quien no has pasado de hablar de los productos y las ventas, sin ningún chance en temas fuera de la relación comercial tratada. Alguna conversación de fútbol, del tiempo, pero poco sustancial, sin abrirse al tema personal, sin captar su personalidad ni sus inquietudes. No son malos clientes, son estrictamente profesionales y no te dejan pasar más allí dentro de su alma. Pueden llegar a ser muy grandes clientes en cuanto a facturación.

Cada uno tiene su personalidad, hay quien separa el trabajo de la vida personal, y no es para nada reprochable. No hay que tachar a nadie, cada uno debe tener su propio estilo y ese es tan correcto como los otros. Aunque personalmente yo no soy de ese tipo, los hay y son muy grandes profesionales. Se dedican a realizar su trabajo con el mayor esmero durante su jornada laboral y a disfrutar su vida personal fuera de ella. Diferencian bien ambas cosas y les va muy bien, en algunos trabajos es necesario o te puedes volver loco.

No es bueno llevarse el trabajo a casa. Todos necesitamos nuestro tiempo para desconectar y disfrutar, no has de pasarte todo el día pensando en el trabajo o no disfrutarás las demás cosas de la vida, que tiene cosas maravillosas. Pero si estás dando un paseo en un lindo lugar, o visitando una exposición, o cualquier cosa, y tienes la mente en el trabajo, no lo disfrutarás y no podrás apreciar los buenos momentos que puede ocasionar el simple hecho de pasear, conocer lugares, probar nuevos sabores, degustar diferentes olores. Yo recuerdo el olor a hierba mojada, cuando era pequeño, que me embriagaba cuando llegaba al pueblo, de vacaciones o un puente. Era desconectar del colegio y ver a los amigos de allí, lo que me hacía muy feliz. Pues a día de hoy cuando paso por algún sitio y huele así, me pongo feliz y contento porque me recuerda a esos días de vacaciones y se me dibuja una sonrisa rápidamente.

Estos clientes son similares a los comerciales serios. Gente muy profesional que se dedica a su trabajo rectamente sin dejar que su vida personal afecte a este. Por lo que el entendimiento entre ellos es correcto para ambas empresas. Sus vidas se cruzan únicamente en el aspecto laboral sin tocar el personal. No pierden el tiempo en conversaciones extraempresariales. Para algunos esto les puede parecer muy productivo. Se dedican a trabajar. Yo soy más de perder el tiempo en charlar y conocer a la persona que tengo ante mí.

«Más que cliente» es con quien compartes momentos más allá de lo profesional, te vas a tomar un café o a comer y hablas de temas que nada tienen que ver con el trabajo: hablas de temas personales, hobbies, inquietudes. Es aquel que te abre su alma y te escuchará a ti también. Es una persona amable que te hace disfrutar de la vida comercial, de los tantos kilómetros recorridos, las noches fuera de casa, porque sabes que visitarle es un momento agradable, si no le has hecho alguna cagada en un pedido anterior, claro está. Si todo está bien, tendrás una visita cómoda, charla divertida y disfrutarás de un buen trato con el cliente, que es el mayor reconocimiento para un comercial; estar con un cliente a gusto es, para mí, el mejor agradecimiento a mi labor, por encima del casi siempre escaso reconocimiento de los jefes. Una palmadita en la espalda. ¡Dátela tú en los huevos! ¿Te traigo tanto negocio para una palmadita? Mejor disfrutar los buenos momentos con los clientes que tanta exigencia impersonal de los jefes. Con este tipo de clientes es cuando se disfruta la vida comercial, se te hace todo mucho más agradable y divertido. Te puedes pasar horas con ellos charlando amenamente de cualquier cosa, tu labor se hará más fácilmente con su ayuda, pues cuando pasa de lo estrictamente profesional, él también lo hará y te tratará de ayudar cuando pueda.

Ser comercial no es fácil, pasas mucho tiempo solo en la carretera, de un sitio para otro en busca de clientes, muchas puertas cerradas, visitas no logradas y momentos de desesperación en los que dices «¡Por qué no me habré quedado en la oficina!». Pues porque de repente te encuentras con un tipo amable, alguien que te escucha y te deja hablar, con quien tienes un producto que le encaja a la perfección y es agradecido. Consigues romper la barrera y pasa a ser más que un cliente, es una persona como tú con quien las visitas se tornan en momentos agradables. Una visita así te deja un regustillo placentero, de acierto, te sientes buen profesional y desarrollas tu labor muy a gusto.

Para conseguir dar ese paso debes ser consciente de que lo que tienes ante ti es una persona, un trabajador como tú, no puedes centrarte en ir a vender o no pasarás de lo estrictamente profesional. Debes buscar la visita agradable y no la venta, tener calma y paciencia. Incluso puede que esa visita no cierres ninguna venta, no pasa nada si te has ganado el cliente, la venta llegará. Yo muchas visitas me dedicaba a charlar de cualquier cosa y al final me iba sin el pedido, porque se nos iba el santo al cielo. Al día siguiente me llamaba el cliente para cerrar la venta.

—¡Al final con tanta charla no hemos cerrado el tema! — me recriminaba telefónicamente, pero siempre con una sonrisa, pues el error era de ambos.

Lo comentábamos al principio de la reunión y como estaba tan claro que él necesitaba el producto, nos poníamos a divagar sin cerrar la venta.

En otros casos, esos momentos de charla te dan pistas de otros productos que pueden necesitar y te guían a una nueva venta. Por eso yo prefiero charlar amenamente con los clientes que centrarme en la venta e irme corriendo a buscar otra. Esos momentos te pueden dar más ventas en ese cliente y afianzarte una buena cuenta.

Es muy importante que el cliente esté contento y confiado contigo, no puedes fallar en lo que le suministras, debes venderle siempre lo que sea útil de verdad, no vender por vender. Si todas las ventas que le hayas realizado son correctas, será cuando puedas pasar a «más que cliente», si no se cerrará y será estrictamente profesional. Nunca debes vender por vender o perderás al cliente. Si le fallas perderá la confianza en ti. Si sucede algún problema has de resolvérselo rápidamente para que siga confiando en ti. Debes estar muy atento en la posventa y la satisfacción del cliente. Así, irás consiguiendo una buena relación con él.

Un cliente pasa a ser «amigo» cuando el nexo de unión no es únicamente el trabajo, va más allá y se genera la amistad. Es aquel con quien llevas mucho tiempo trabajando, habéis vivido buenos y malos momentos, conocéis vuestros gustos, hobbies, habéis compartido momentos fuera del trabajo, un partido de fútbol, o *paddle*, o cualquier actividad fuera de las empresas a las que pertenecéis. Sois amigos más allá del trabajo. Nos guste o no, somos latinos, gente sociable y un poco corruptos como yo. Por lo que siempre favoreceremos o ayudaremos a un amigo antes que a un comercial sin más. Y tú también le tratarás mejor que a un simple cliente, te preocuparás mucho más de su cuenta, de que los productos le lleguen correctamente, que todo funcione bien e incluso le darás preferencia por encima de otros clientes.

Yo estuve en Egipto en la época de las revueltas en la plaza Tahir, cuando hubo más de doscientos muertos. Pero un cliente necesitaba una asistencia técnica. No era un cliente cualquiera, era un amigo, llevábamos mucho tiempo trabajando juntos, comiendo y charlando. Nos teníamos mucho aprecio entre ambos. Él lo necesitaba, y yo por él lo que fuera, además la asistencia era poca cosa, configurar unos equipos, algo fácil y sencillo. Hasta yo podía hacerlo. Pero con esa situación, nadie quería ir allí. Los técnicos se negaron y los jefes aceptaron el rechazo a ese pedido de asistencia. Pero yo decidí que quería ir. Nunca había estado en Egipto. ¿Por qué no? Viajar a gastos pagados siempre es una muy buena opción para mí. Me enfrenté a los jefes hasta conseguir la aprobación del viaje. Pese a multitud de objeciones, no me dejé doblegar enfrentándome a su decisión y logrando mi objetivo.

El cliente me tenía esperando un chofer a mi llegada en el aeropuerto de El Cairo. Era de noche cuando llegué. En el camino hasta el hotel no se veían grandes cosas, por desgracia. Yo esperaba que con toda la historia que alberga El Cairo no pararía de ver monumentos. Pero únicamente veía coches y coches. Un tráfico horrible. Coches de todo tipo, desde nuevos y flamantes vehículos de lujo hasta antiguallas que, no se sabe cómo, todavía se movían. Aunque se veían muchos coches parados en las cunetas ya reventados. El tráfico era denso. Conducen como locos. Yo notaba el aliento del conductor del coche de al lado, pero no llegaban a tocarse. Veías un hueco por donde parecía que no cabían, pero daba igual, pasaban hasta seis coches sin tocarse, ni un alfiler cabía entre ellos. Es acojonante. Son unos artistas. Los madrileños conducimos muy rápido y sin respeto a los demás, a la mínima piñazo que te crio. Sin embargo allí no vi ningún golpe. Yo creo que tienen mejor percepción del espacio que nosotros. Conseguían pasar entre un tráfico caótico, donde yo no veía el hueco ellos pasaban.

El trayecto era bordeando la ciudad y poco vi más que carretera y vehículos. Al final llegamos a un complejo hotelero sin nada cerca. Me habían metido en un complejo fuera de la ciudad. Menuda putada, así no me podría escapar a ver nada. El hotel era una maravilla, eso sí. Un lujo de estilo árabe, rebosante del más preciado mármol. Solemnes columnas marcando el *hall* y el pasillo hasta la zona de registro. Amplios ventanales que por el día llenarían la estancia de luz solar. Aunque era de noche cuando realicé ese paseo por primera vez, unas exquisitas lámparas de araña del mejor cristal de Murano me permitieron deleitarme con la exquisitez del mobiliario. Mesas de cristal con estructura y patas doradas, rodeadas de amplios sofás y butacas de estilo victoriano. La habitación era inmensa; una cama grande para mí solo, el baño repleto de jabones, toallas y albornoces; un minibar listo para degustar; y con vistas a la piscina. Vamos, un hotelazo. Pero yo prefiero una situación más céntrica para poder escaparme a ver la ciudad. Pero como este viaje lo planificaba el cliente, él decidía.

A la mañana siguiente me recogió el mismo chofer. Un egipcio encantador que hablaba inglés perfectamente. Yo no, pero me hacía entender. Entre gestos y algunas palabrejas que me sé, nos entendíamos. Para mi sorpresa había otros dos españoles allí también en el mismo hotel que tenían que configurar otros equipos. Así nos fuimos los tres con el chofer a la planta industrial a una hora de camino. No pasamos ni cerca de la ciudad, menudo pestiño. No veíamos más que arena y desierto. Estaba en El Cairo y me temía que no iba a ver ni las pirámides, el mayor aliciente para mi viaje. Efectivamente, pasamos dos días del hotel a la planta y de la planta al hotel. No podíamos salir del hotel, ni ir a dar un paseo, ni tomar una copa. Bueno tomar una copa sí, pero en el hotel. Cenábamos en el hotel y nos tomábamos una copa allí, pero estaba vacío y no había nada de ambiente, solo nosotros y los camareros. Menudo fiestón, ya te digo.

El tercer día, por la mañana yo ya había terminado mi trabajo y mis equipos quedaron configurados y listos. Al día siguiente tenía el vuelo de vuelta. Había cumplido el calendario previsto y tenía una tarde libre. De puta madre. Algo tenía que hacer, había que aprovechar, no sabía cuándo volvería a El Cairo. Así que me subí al coche con mi superchofer, que ya nos pillábamos el truco y nos pegábamos nuestras buenas charlas. Me preguntó a dónde quería ir y lo solté con total impunidad a quemarropa:

—Llévame a la plaza Tahir, por favor.

Se le cambió la cara y volvió a preguntar. Con gesto serio, le repetí:

—Plaza Tahir.

Se le puso un gesto de preocupación y comenzó a balbucear, no quería llevarme la contraria. Él estaba allí para llevarme y complacerme, pero había ya más de doscientos muertos en esa plaza. Comenzó a intentar convencerme de que no era buen sitio, que había revueltas, que estaba muriendo gente allí, etc. Yo no cambiaba el gesto serio, y le pedía que arrancase hacia allí.

—*You are crazy!* —gritó desesperado ante mi insistencia.

Ya no me pude aguantar más y se me escapó una sonora risotada. El tipo se quedó atónito sin comprender si yo era gilipollas profundo o solamente un graciosillo.

—Lléveme a las pirámides, por favor —le rogué sosegadamente a modo reconciliatorio.

Se le escapó un suspiro de satisfacción y tranquilidad y arrancamos en dirección a las pirámides. ¿Conseguiría ver algo por fin? Y así fue, fuimos a las pirámides y me retraté en ellas para dejar constancia de otro maravilloso lugar visitado. Son grandiosas y espectaculares. Hay que ir allí y verlas por lo menos una vez en la vida; hay que contemplar esa grandiosidad bien enfocada. Resulta que están en plena ciudad. Las fotos engañan mucho, pues rodeándolas se encuentra El Cairo en su plena extensión, con todo el tráfico, comercios, edificios de oficinas y casas. Sí, lo sé, no pertenecen a El Cairo, es la ciudad de Guiza. Pero para mí están unidas ambas y la que tiene aeropuerto manda.

La visión de las Pirámides de Guiza es algo espectacular. El recinto está fuertemente vigilado y cuidado. La luz allí es diferente, tiene ese toque de arena en el ambiente que lleva el viento y da una visión diferente a la que estoy acostumbrado. Pero realmente fue una maravilla poder visitarlas.

De camino al hotel, con más confianza en nuestra relación, el chofer se atrevió a preguntar si de verdad tenía intención de ir a la plaza Tahir. Creo que quería comprobar que era yo. Se lo confirmé, soy un graciosillo:

—*It is a joke* —le dije poniendo cara de bueno para que no me odiase.

Se quedó aliviado aunque deseando llevarme al aeropuerto al día siguiente y librarse de mí.

Grandes o pequeños clientes

La clasificación lógica de los clientes es usuario final, clientes y grandes cuentas. El usuario final es aquel que te va a comprar una vez, a no ser productos perecederos, para su uso y disfrute. Los clientes normales son aquellos con los que puedes establecer una relación de negocios a corto y largo plazo, no será una única venta, serán usuarios de tus productos. Las grandes cuentas con clientes con alta facturación y un negocio de continuo, procurándote una buena línea de negocio.

Cada uno puede tratarlos como considere, esforzándose más en unos que en otros, hay quien solo quiere grandes cuentas, otros prefieren trabajar con cliente final, realizar la venta y pasar a otro cliente nuevo. Es tu labor como comercial escoger a qué publico dirigirte y cómo enfocarte. Mientras cumplas los objetivos marcados por la compañía todo irá bien. En algunos sitios o con algunos productos, debes enfocarte a un mercado ya marcado sin poder elegir, por lo que deberás aprender a trabajar hacia ese camino para lograr los objetivos. No tengas miedo si antes tratabas un tipo de cliente y has de cambiarlo, siguen siendo clientes y puedes adaptarte fácilmente si los escuchas. Ellos te darán las claves de cómo has de lograr ganarte el nuevo mercado, estudia los clientes, el mercado, tus productos y con facilidad alcanzarás tus nuevas metas.

Las grandes cuentas demandan mucho tiempo y atenciones, los usuarios finales necesitan que te esmeres en esa venta para poder cerrarla. Cada tipo tiene sus ventajas y sus inconvenientes, no existe el cliente ideal, lo lograras tú. Tú harás buenos o malos clientes, con tu trabajo y tu esfuerzo serán los pasos que te ganarán grandes clientes. Tu experiencia y aprendizaje es muy importante para ir formándote y facilitarte tu labor comercial. La experiencia es un grado que se aprende a base de constante trabajo y vivencias; visitas, ofertas, asistencias, charlas, agradables y desagradables momentos en el trabajo. Todo eso te hará tener tu propia forma de catalogar tus clientes y decidir la forma más ventajosa de aprovechar bien el tiempo logrando ser más productivo.

Personalmente, le doy la misma importancia a todos los clientes, dedicándoles el tiempo necesario, sin discriminar si es una gran cuenta o pequeña. Para mí todos son iguales, trabajen en una multinacional, una empresa local o un usuario final. Son todos importantes, y me gusta demostrárselo, dedicarles su tiempo y preocuparme de que todo funcione correctamente para su plena satisfacción. No hay mejor publicidad que un cliente satisfecho; el boca a boca te puede traer mucho negocio. Me encanta cuando un posible o futuro cliente me llama porque otro cliente le ha pasado el contacto, te deja un dulce sabor saber que un cliente está contento con tu labor y te recomienda a más gente. Pero debes recordar bien de parte de quién viene o preguntarle, si no puedes equivocarte como me pasó a mí. Me llegó un posible cliente al que le había dado mi contacto un amigo suyo; antiguo compañero de la facultad con quien mantenía el contacto e incluso se pasaban información, no confidencial ni nada en contra de las empresas en que trabajaban, sino todo lo contrario, se ayudaban con la experiencia de uno a favor del otro, mejorando ambos su productividad. Me llamaba de parte de Carlos.

—¡Coño, claro, Carlitos! —le solté todo convencido de saber a qué Carlos se refería.

Estuvimos charlando sobre un producto que le había comentado que le podría ser útil. Le estuve contando sobre él, le pasé la oferta y cerramos un pedido fácil y rápidamente. Ojalá fuera siempre tan fácil. Carlos ya le había comentado casi todo y poco trabajo tenía que hacer yo, venía directo a comprarme sin esfuerzo para mí, lo cual agradecí. Cuando ya tenía el pedido en mis manos, agarré el teléfono y llamé a Carlitos, le conté toda la historia de la llamada, el pedido, etc. Estaba tan convencido que no le dejé ni hablar, solo hablaba yo mientras escuchaba él, imagino, con cara de póker. Cuando ya terminé todo el rollo, Carlitos con voz de asombro me dijo:

—¡Yo no te lo he enviado, no lo conozco!

Me quedé frío, helado ante el teléfono sin saber cómo disculparme. Se hizo un largo silencio mientras la tierra se me tragaba por bocazas, si le hubiera preguntado qué Carlos era... Como no podía emitir ninguna palabra, Carlitos empezó a reírse al otro lado de la línea.

—¡Jorgito qué despistado estas hoy!

Esto me calmó el ridículo y continuamos hablando un rato sobre la venta que le había hecho y el producto, que resulta que nunca le había suministrado a Carlitos, cagada tras cagada.

—¡No sabía que tenías ese producto! —dijo inquisitivamente, como si no hiciera bien mi trabajo, que estaba claro que no lo había hecho nada bien.

Pero como los momentos están para aprovecharlos, le informé con tanto detalle del producto, de sus ventajas y de lo bien que le vendría a él, que acabo comprándomelo y así cerré otra venta. Después de la tormenta de la humillación, llegó la calma con otro nuevo pedido. Sí, señor. Al final yo tenía dos pedidos y dos clientes contentos, pero ni idea de qué Carlos me lo había facilitado. No me corté un pelo y llamé al nuevo cliente para pedirle más detalles del Carlos correcto, a quien por fin localicé y pude llamar para agradecerle ambas ventas. No paró de reírse cuando le contaba las cagadas con Carlitos.

—¡Tienes una flor en el culo! —me dijo entre carcajada y carcajada.

Queridos lectores, no tengáis miedo a cagarla, pues de una cagada puede venir una venta o una buena información. Reconocer un error te hará ganar la confianza del cliente y querrá ayudarte, porque él también es persona y se equivoca como todos. Debemos ayudarnos en los errores. Con ayuda y un poco de gracia todo sale mejor. Nunca has de hundirte en un error o un problema, pide ayuda, habla con tus compañeros, con el cliente, busca ayuda y la forma de solucionarlo, y se hará realidad.

Grandes o pequeños clientes suele referirse a la facturación obtenida con ellos, siendo mayor cliente quien más facture. Pero siendo igual de importante uno que otro, pues con muchos pequeños clientes puedes obtener una mayor facturación. Nunca debe importante el tipo de cliente, ni su tamaño ni volumen de facturación, has de preocuparte de si es un cliente contento o no, porque eso será lo que te genere negocio a largo plazo. Un cliente contento seguirá contando contigo para futuras compras, te recomendará y te hará publicidad, ampliando así tu cartera de clientes y crecerás.

Siempre me ha gustado ayudar y colaborar con los clientes y las fuerzas de venta en todo lo que pueda. Recuerdo una vez que estaba de visitas con un distribuidor de fuera de Madrid. Le acompañaba a visitar a sus clientes afianzando la imagen ante ellos e incluso solucionando algunas dudas técnicas. De uno a otro sin parar, visitábamos y visitábamos para poder ayudarle y que estuviera más contento y a gusto vendiendo nuestros productos. Lo hacía muy bien y tenía una amplia cartera de clientes de todo tipo, muy variopintos. Sus clientes le apreciaban mucho y nos recibían cordialmente, no paramos en varios días de realizar distendidas visitas, consiguiendo buenos negocios para ambos. Cuando estábamos en el coche, de una visita a otra, le llamó un cliente con un problema técnico sobre unos equipos que les habíamos suministrado. Por supuesto, sacamos un hueco para ir ayudarle a tratar de solucionar el problema. Allí nos plantamos, con la esperanza de que fuera algo fácil que pudiéramos solucionar rápidamente para seguir con el resto de visitas que tenía concertadas. El tipo conocía muy bien a mi distribuidor y llevaban tiempo trabajando, por lo que la relación era buena. Cuando me presentó algún punto más conseguimos, pero nuestra presencia allí era lo que más le satisfizo al tener una rápida respuesta por nuestro lado con la intención de ayudarle. El equipo que le habíamos suministrado formaba parte de unas máquinas nuevas que habían puesto en su fábrica para una línea de producción. Su empresa estaba creciendo y nosotros con ellos, pues así nos demandaban más productos, y como mi distribuidor estaba muy pendiente de ellos, siempre le llamaban y contaban con él antes que con la competencia. Era un gran negocio basado en una buena relación de atención y colaboración por ambas partes, ellos compraban y él les atendía rápidamente, y ese día yo le colaboraría.

Nos llevó a la nave donde estaban las máquinas y nuestros equipos. Estaba llena de gente haciendo los preparativos para poner a funcionar la nueva línea de producción. Eran muchos elementos y equipos a coordinar para que todo funcionase correctamente. Mientras nos contaba todo lo que allí tenían y nos enseñaba el problema con el equipo, la gente fue desapareciendo, iban terminando su labor y se marchaban a continuar con otras. Ya solamente faltaban los ajustes finales y el técnico de las máquinas podría ponerlas en marcha. Pero el equipo que le habíamos suministrado no funcionaba correctamente y eso retrasaría la puesta en marcha. Teníamos que resolverlo rápidamente o conseguir un equipo nuevo urgentemente. Nos presentó al técnico quien, con muy malos modos, nos recriminaba que no podía desempeñar su labor porque nuestro equipo era una «mierda» que no funcionaba y no permitía arrancar las máquinas. Nuestro cliente le frenó un poco y le acusó que llevaba varios días y que él también había cometido muchos errores con las máquinas que le había comprado. Nos defendió de esa gratuita agresión, porque encima era su labor hacer funcionar todo, nuestro equipo incluido. Pero era tan grosero que el cliente, mi distribuidor y yo nos dimos media vuelta y nos dirigimos al equipo a ponernos manos a la obra, sin hacerle caso al técnico. Tuvimos que subir varias plataformas hasta conseguir tener a mano el equipo y poder comprobar que efectivamente no estaba funcionando, era muy raro. Nos pusimos a darle vueltas y revisar, como malamente podíamos encaramados en una plataforma. Comprobamos la alimentación y las conexiones eléctricas y parecía estar todo correcto en el propio equipo, por lo que seguimos el cableado hasta una caja de conexiones cercana por donde pasaban los cables que alimentaban al equipo. La abrimos con cuidado sorprendiéndonos del desastre de cables que había allí metido, no había ningún orden ni correlación de colores en los cables, algunos estaban desconectados incluso. Nos decidimos a tratar de solucionar ese caos a ver si conseguíamos aclarar cuáles eran nuestros cables, los de nuestro equipo y seguir buscando el fallo. Mientras tocábamos, conectábamos, desconectábamos e intentábamos ordenar, comenzó a sonar una alarma que procedía de las máquinas. Nos asomamos y vimos todos los indicadores en rojo. El técnico estaba como poseído de un lado a otro dando vueltas y tocando todos los controles hasta que se calló la alarma. Nosotros seguimos a lo nuestro poniendo orden en esa caja de conexiones, dejándolo todo mucho más ordenado que como lo habíamos encontrado. Mientras estábamos cerrando la caja el cliente nos advirtió:

—¡Vuestro equipo ya funciona!

Debía de haber sido uno de los cables desconectado, el que lo alimentaba. Al conectarlo todo funcionaba correctamente, era un cable de mierda, para eso habíamos ido hasta allí, nuestro equipo había estado siempre perfecto a falta de alimentarlo eléctricamente. No sé de quién era la culpa, del cliente, los instaladores, el técnico de las máquinas, daba igual, nosotros lo habíamos resuelto y el equipo ya estaba funcionando. El cliente estaba contento y muy agradecido por nuestro lado y nos quedamos observando un rato el equipo en correcto funcionamiento. Escuchábamos al técnico moverse como loco debajo de nosotros, nos asomamos y le observamos cómo gesticulaba hacia nosotros como increpándonos, mientras nuestro cliente nos decía:

—¡Me tiene hasta las pelotas, lleva varios días y todos son problemas, no resuelve nada, le voy acabar tirando un martillo a la cabeza!

Se le notaba bastante molesto con el técnico, pero no así con nosotros que le habíamos resuelto un problema de la forma más tonta pero eficaz.

Cuando nos bajamos de las plataformas, el técnico se vino hacia nosotros como una fiera, con la cara descompuesta y lleno de ira.

—¡Me habéis tumbado el diferencial! ¿Qué habéis desconectado? —nos increpó escupiendo mientras gritaba.

—¡Déjales en paz que han conectado su equipo! ¡Lo teníais sin alimentar y por eso no funcionaba! —le chilló el cliente amenazante y casi pegándole.

Nos dimos media vuelta y nos acompañó hasta la puerta de la fábrica contándonos el desastre que llevaban para conseguir poner en marcha la nueva línea, todo eran problemas y los jefes apretando para comenzar cuanto antes. Nosotros habíamos hecho nuestra parte y estábamos orgullosos de haber resuelto el problema del cable desconectado, consiguiendo así tener contento a nuestro cliente.

Continuamos con nuestras visitas de un sitio a otro hasta que, a los dos días, nos volvió a llamar el cliente para comentarnos los sucesos acontecidos tras nuestra visita. Resulta que habíamos logrado conectar nuestro equipo, pero un elemento principal de la máquina lo habíamos dejado mal conectado, el técnico estuvo dos días más sin poder arrancar hasta que se revisó la caja de conexiones que habíamos tocado. Se lo habíamos dejado jodido nosotros, sin querer, no era nuestra intención, menuda faena le habíamos hecho al pobre. Al final consiguieron dar con ese problema y poder arrancar las máquinas con una semana de retraso a la fecha inicial. Habíamos colaborado por un lado y fastidiado por otro, pero el cliente no nos responsabilizaba a nosotros y siguió contando y comprándonos mucho tiempo.

Después averiguamos que la empresa alemana que fabricaba las máquinas era cliente también de nuestra marca. De hecho, un buen cliente para nuestros colegas alemanes. Pero aquel día solamente teníamos un cliente y desconocíamos la vinculación con aquel técnico tan borde. Si tan solo hubiera sido un poco amable, habríamos contado con él durante el trasteo de los dichosos cables y le habríamos ayudado también.

Necesidades del cliente

Llegamos a uno de los puntos más indispensables para las ventas, la necesidad del cliente, sin ella no habrá venta. Lo habréis visto en películas, en televisión, cursos, etc. Lo primordial para poder vender son los clientes, y estos han de tener necesidad, si no, no comprarán y no podrás vender nada. Por muy buenos productos que tengas, sin la necesidad de ellos no te servirán.

Este punto es muy importante para cualquier comercial en el desempeño de una buena labor. Debes estudiar bien tu producto y enfocarte en donde puede estar su necesidad. Si tu producto es un alimento, es fácil, pues todos tenemos necesidad de comer. Pero como existen infinidad de productos, debes estudiar el tuyo y visionar en dónde se puede comercializar, debes averiguar cuál es tu mercado potencial de trabajo y entenderlo, conocerlo, vivirlo e involucrarte en él. Cuanto más conozcas sobre él, más eficiente serás.

Una vez estés enfocado a tu mercado potencial debes continuar estudiando y aprendiendo día a día, debes analizar las necesidades de ese mercado en contraprestación con tu producto. Averigua qué necesidades tienen los clientes, profundiza en qué tipo, el porqué, el cómo, toda la información es ayuda. Con toda la información debes prepararte el guion que te hará triunfar en ventas, prepárate presentaciones y charlas enfocadas a que el cliente, quien tiene la necesidad, la vea solventada por tu producto y quiera comprarlo. Pero como dije anteriormente, cada cliente es diferente y debes enfocarte a él de forma particular, debes ir adaptando tu presentación a los puntos en que le veas más interesado, incluso dejando de lado otros puntos que considerabas indispensables; si para él no son importantes no insistas en darles vueltas o perderá la atención. Céntrate en los puntos para él más importantes, los puntos donde radica su necesidad. Aunque tengas dos clientes muy parecidos, no son iguales, por lo que te debes adaptar a ellos, no confíes en que el guion utilizado con uno te hará triunfar con el otro. Adáptate a él, no lo veas igual al otro porque puede que le aburras con los puntos que al otro le interesaron y no vea su necesidad cubierta.

Cuando yo empezaba como comercial solamente quería ensalzar mis productos con los grandes logros, he vendido aquí, ha funcionado perfectamente allí, etc., contando rollos que consideraba serían los más deslumbrantes. Pero no era así, no conseguía el efecto que me haría ganarme al cliente. Lo entendí muy bien cuando uno de ellos, después de una presentación, me afirmó, en solitario, para ayudarme:

—Esta empresa no es como las que has contado. Tu enfoque no es correcto. Es interesante tu producto pero no nos lo has enfocado a nosotros y no creo que lo queramos.

Me quedé totalmente chafado, lleno de un sentimiento de abandono absoluto. Había estado dos horas de presentación para nada, había sido menos productivo que un smartphone sin WhatsApp. Mi guion estaba muy mal enfocado y estaba perdiendo el tiempo. Tenía que cambiarlo, debía sentarme a estudiar las palabras de esa persona que tanto me ayudó. Estuve un tiempo si hacer presentaciones, limitándome a charlar con los clientes y preguntarles sobre sus necesidades y en cómo se deberían solventar, los puntos e inquietudes de ellos y no de otros clientes. Con tanta *preguntadera*, obtuve muchísima información que analicé detenidamente entre visita y visita. Dándome cuenta de que a veces sí tienen puntos parecidos, pero no existe el punto común donde conseguir la venta en cualquier cliente, por eso me decidí a adaptarme sin llevar un guion universal que no existe, bueno en algunos productos como la coca-cola sí, pero por lo general no. Aquel consejo, que tan tirado me dejó al principio, fue uno de los mejores que he recibido en mi carrera profesional y así lo seguí. Me fui adaptando, recopilando información de cada cliente. Preguntaba antes de comentar todas las ventajas de mi producto, pues lo mismo para ellos eso serían banalidades. Por eso mejor escuchar primero al cliente y soltar después, convirtiéndolo en un cántico que le encantará y te hará perforar en el cliente hasta el punto que no desee otra cosa que tu producto.

También está la versión del comercial agresivo, aquel que consigue crearle la necesidad al cliente cuando no la tenía. Pero siempre con criterio, no se trata de vender por vender o no tendrás futuro. Son gente con mucha experiencia y sabiduría, aquellos que analizan a cada cliente, cada visita, cada reunión, y todo ello lo aprovechan de un sitio a otro. Son capaces de hacer nacer una necesidad a un cliente en la que nunca había pensado, pero que acaba queriéndola como si lo hubiera necesitado siempre. Analizan y hablan con el cliente, indagando y averiguando cuanta información logren sacar, para poder aprovechar todo su potencial en encontrar el fallo, falta de conocimiento o descuido que le haga de su producto una necesidad al cliente. En algunos casos yo he conseguido vender por desconocimiento del cliente.

—¿Pero eso existe y funciona? —Cuando les explicas algún producto desconocido para ellos.

Claro que funciona, lo necesitas, este producto te dará unas ventajas que ni sabías, es un producto nuevo que mejorara tu productividad. Acabará siendo una necesidad para él. Cuando yo empecé a trabajar no había móviles y podíamos realizar nuestra labor sin problema, hoy en día no sabemos vivir sin el móvil en el bolsillo. Se nos creó la necesidad que se generalizó, hasta el punto en que los fabricantes de móviles son de las compañías más grandes a nivel mundial. Si lo hubiera imaginado, habría invertido. Pero es una necesidad que no teníamos y creció poco a poco en el alma de cada persona, hasta el punto en que si no tienes móvil no eres nadie. Lo mismo con las redes sociales Facebook, Linkedin, WhatsApp, etc. Nos crearon la necesidad de: ¡Tengo que ser alguien en Internet! Y ahora ¿quién no tiene uno o varios perfiles?

Tener o fabricar un producto que se haga necesario te puede lanzar a lo más alto. Muchos de los ricachones de hoy en día no sabían que lo que estaban haciendo les haría jodidamente ricos. Algunos comenzaron en garajes haciendo pruebas de aquello que les llamaba la atención. Otros simplemente por hacer algo molesto, por simple inquietud de hacer algo nuevo que ha resultado algo viral y se ha propagado como una pandemia, haciéndose algo necesario para quien lo descubre y ya no puede vivir sin ello.

Existen productos que se venden solos, todo el mundo los necesita, pero aun así, se hace publicidad y se tienen comerciales, pues en todo o casi todo hay competencia. Se necesita crear la necesidad de tu producto por encima de la competencia. Para eso existe el mundo del márketing, tan importante y a la vez tan poco valorado por muchas compañías. Pero como yo no estoy para hablaros de márketing y sí de comerciales, no voy a meterme con ese tema.

La creatividad o la locura de un comercial pueden dar con ese nicho de ventas tan inesperado que cambiará las cifras de ventas de la compañía. Está bien que el comercial sea concienzudo y se dedique a los mercados donde sabe que su producto es necesario, pero también puede probar atacar cosas diferentes, nuevas, clientes que piensas que jamás estén interesados. Ya sé, ya sé, estás pensando que soy un listillo diciendo esto como si fuera tan fácil. ¡No tengo tiempo!, me dirás. Sé que estás muy ocupado con tus clientes, oficina, papeles y demás labores como para pararte a buscar nuevas alternativas. No vas a perder todo tu tiempo en pensar en la empresa, que te ayuden ellos, que te digan qué más puedes atacar y te consigan tiempo para realizarlo. Yo no os voy a decir qué hacer vosotros ni vuestras empresas, solamente os planteo mi visión y mis experiencias. Pues a mí me pasó, en un viaje, la apertura de un mercado inesperado.

Estaba en otra ciudad, fuera de Madrid, de cliente en cliente, visitando de un lado para otro, sin GPS, con mi guía y el plano de la ciudad que me habían regalado en el hotel. Claro, les cuestan una fortuna esos planos a ellos como para no regalarlo por una habitación de mierda a precio de suite. Yo lo garabateaba con las direcciones de las visitas según llegaba a la ciudad, para ir siguiéndolo, con mi cara de tonto cada vez que doblaba una esquina y no estaba allí la calle esperada. Ale a preguntar, dos calles más allá. ¿Por qué siempre omiten calles? No hay forma de seguir esos planos si me quitan las calles. Pero al final llegaba. Hoy no puedo ni salir de casa sin encender el GPS. El otro día lo puse para ir a casa de mis padres y todo. Cuando llegué, lo apagué con gran satisfacción de no haberme perdido. ¡Seré gilipollas! Cuántas veces he conseguido volver a esa casa *mamao* perdido...

Pero volvamos al viaje, yo de visita en visita, de un sitio a otro, con todo bien programado, las citas, los tiempos de traslado, con un margen para la pérdida ocasional de la falta del, indispensable hoy, GPS. Tampoco había smartphones, eran una especie de ladrillo que te conectaba con el cliente o la oficina, se cortaba, perdías la comunicación, igual que hoy en día dependiendo de la operadora, pero al fin y al cabo, estabas en contacto con el mundo, sobre todo cuando el puñetero plano te había mandado a tomar por culo por no girar donde debías esperando la siguiente calle. Pero tenías móvil, no todo el mundo tenía un ladrillo que sonaba estridentemente cuando estabas en el cine con tus colegas. Pero te lo tenías que llevar, a esas horas no te llamaría nadie de trabajo, pero lo tenías y debías lucirlo ante tus amigos y sobre todo amigas. Te sentías importante llevando a cuestas esa minicabina infernal. A veces, incluso, era útil tener sentado en el asiento de al lado el zapatófono ese como si fuera un acompañante en tus kilómetros de soledad.

A mí, en ese viaje me sonó para comunicarme el aplazamiento de una de las visitas, había surgido un problema y me cambiaban a una hora más tarde. Después de mis oportunas llamadas para apañar la agenda de nuevo, se me quedó una hora libre en el medio de la jornada laboral. Tanto café no podía ser bueno, llegaría a la siguiente visita espídico y les acabaría comprando yo a ellos. Debía matar el tiempo, y si era en algo productivo mejor que mejor. Me subí al coche y me puse a dar vueltas observando todo lo que me rodeaba, como tonto mirando los locales y edificios a mi alrededor. Creo que ha sido la única vez que he mantenido los límites de velocidad establecidos en ciudad. Miraba sin saber qué buscar, analizando los carteles y escaparates que iba pasando a 20 km/h, mientras los demás vehículos me pitaban y adelantaban con mala cara. No me importaba, allí nadie me conocía. Ale, tira listillo, a ver si te multan por el acelerón. De repente vi un cartel, era una empresa que se dedicaba a otro gremio tecnológico como el nuestro pero inferior. ¡Estos tipos son de segunda división, no tocan nuestros clientes! Pensé mientras paraba casi en la puerta del sitio por probar. Agarré uno de nuestros catálogos y una gran sonrisa para entrar con decisión y bravura. No tenía nada que perder y podría matar el tiempo. Tanto, que llegué tarde a la siguiente visita. Me planté allí lleno de seguridad, que poco negocio sacaría pero un rato de charla haría. El tipo que me recibió me mandó esperar. Yo esperar, pero si estoy matando el tiempo, no me lo mates tú. Pero fue un ratillo corto. Salió un tipo trajeado, algo mayor, pero con cara de saberlo todo, un hueso duro de roer, la experiencia hecha persona, con cara de pocos amigos. Me empezaron a temblar las piernas pensando que lo menos que iba a recibir era una patada en el culo. Se presentó, muy educadamente, tenía mucho estilo y un traje caro, por lo menos cinco veces más que el mío, yo era comercial menos que junior por aquel entonces, todo lo que tenía de valiente me faltaba de clase. Pero él no, estaba lleno de clase y estilo, un tipo sereno y maduro, que rápida y eficazmente se presentó como el dueño de la empresa y procedió a hacerme un resumen de sus actividades. Cada vez me veía más lejos de hacer negocios, hasta que me dijo:

—Cada vez más, nuestros clientes nos preguntan por vuestros productos. No tengo ni puta idea de ellos, pero sí potenciales clientes. Si tú me ayudas, yo te ayudo.

No sabía cómo digerir lo que escuchaba, me paré unos segundos a pensar antes de soltar una chorrada y salir de allí con la patada en el culo.

—¡Por supuesto! —le dije mientras pensaba en sus palabras.

Él tenía clientes, yo el producto, aceite y vinagre, qué buena combinación. Aunque nunca la habría pensado, en ese momento me pareció una nueva alternativa a mi cartera, ya estudiaríamos la productividad. Estuvimos más de una hora hablando de los productos y las inquietudes que sus clientes le habían planteado. No es por tirarme flores, pero se las resolví todas, una a una mientras lo anotaba todo en una agenda de cuero muy bonita, negra de estilo clásico, que llenó con mis palabras para acordarse y podérselo explicar a sus clientes. Fue una gozada de reunión, se me pasó el tiempo sin darme cuenta hasta que a él le llamaron para una reunión y me fui a mi siguiente visita. Allí dejé las anotaciones, el catálogo y mi tarjeta de visita mientras me iba a mis clientes para hacer negocio. Me fui olvidando de ese agradable rato mientras volvía a la lucha cotidiana de mi negocio, mis ofertas, pedidos e incidencias. Una semana más tarde, estando yo en la oficina, me llamó. Qué grata sorpresa. Me tuvo media hora escuchando todo lo que había hecho él el resto de semana, hablando con sus clientes, contándoles todo aquello que yo le había explicado, promocionando los productos e incluso vendiéndolos. Ya tenía algún pedido por cerrar a falta de mi colaboración. Por supuesto, después de esa llamada, fue total, le presté toda la atención que requería, mandándole más información, resolviendo sus preguntas, preparándole ofertas a deshoras, atendiéndole lo mejor posible. A la semana siguiente empezaron a llegar sus pedidos, no eran grandes, pero eran pedidos. Él estaba vendiendo y comprándome a mí. Yo les había visto como un negocio no fructífero, pero estaba dando resultados. Nunca pensé que por ese lado habría una necesidad de nuestros productos, pero él sí. Por una pérdida de tiempo y una gran labor por su parte, habíamos encontrado una necesidad que yo no pensaba hubiera, solamente había estado matando el tiempo. Pero no fue así, con su colaboración encontramos otro mercado con la necesidad de nuestro producto.

Como podéis imaginaros me dediqué a ese mercado nuevo a muerte, consiguiendo un crecimiento, gracias a él, de más del 35 % en mi facturación anual. Ese cliente hoy en día es un amigo por encima de todo, un gran tipo de quien he aprendido un montón, y cuya empresa crece anualmente, pese a la crisis, gracias a su capacidad de autoexpansión. Siempre está innovando y dando soluciones nuevas a sus clientes.

Cómo ofrecer tus productos

Este es un tema delicado para ser un buen comercial. Como anteriormente he explicado, depende de muchos factores: el cliente, sus necesidades, el producto, sus bondades, tu exposición, etc. Todo es relativo y no hay un guion totalmente efectivo para tu propósito. No existe la palabra clave que te haga vender a cualquier cliente. Tienes que estudiar detenidamente todos los factores para lograr tu objetivo, la venta.

Para ser un buen comercial, debes estudiar y comprender todos esos factores. Adquirir experiencia para poder desarrollarlos fácilmente, casi automáticamente sin tener que pararte a recordarlos y así aprovechar el tiempo con el cliente más fluidamente. Toda la experiencia que vayas acumulando de cliente en cliente te hará ir más rápido en el futuro. Cada visita debes analizarla, ver cómo era el cliente, sus necesidades, tu exposición, tus fallos y aciertos para poder aprovecharlos en las siguientes. Poco a poco se te agarrarán a tu alma de comercial y saldrán solas. Se convertirá en algo innato a tu personalidad y brotará ante un nuevo cliente sin tener que pararte a sacarlo. Hay quien es tan comercial que hasta con los colegas desarrolla todo su potencial.

—¡Sé qué queréis una copa que no sea garrafón, pero en ese garito hay unas pibas de muerte y ya lleváis muchas copas, no vais a beber tanto veneno allí y cabe posibilidad de ligar! —Cuántas veces habré utilizado esa frase para convencer a mis amigos de ir donde yo quería.

Aunque al final no ligábamos una mierda y nos llenábamos el cuerpo de garrafa de la dura; de las que al día siguiente pasas más tiempo en el baño que en la cama. Pero como te lo estabas bebiendo rodeado de preciosas mujeres daba igual si era una copa de calidad o no, estabas a gusto, no como al día siguiente. Pero como mis amigos son como yo, prefieren estar bien rodeados a beber calidad, qué le vamos a hacer... tener úlcera, ya verás cómo eso te cambia. Total, para no comerte un colín, por lo menos que no te reviente el estómago.

Sí, ya sé que no todos sois unos calaveras como yo y hacéis bien las cosas, vais a buenos garitos, tenéis novia, sabéis vender y trabajar. Pero seguro que de mi libro alguna idea sacaréis que os ayudará, y como eso pasará, cuando me encuentres en un bar invítame a una buena copa, no a una de garrafón, so lañas.

Bueno, qué, ¿tienes un guion para vender que te sirve con cualquier cliente? Yo eso no lo he conocido en todos mis años de comercial. Tendrás la mejor presentación de tu producto que pueda preparar un buen equipo de márketing, que por lo general suelen ser los americanos. No nos engañemos, los reyes del márketing y la publicidad son los americanos, ni europeos, asiáticos, etc. No tienes más que ver los tráileres de las películas americanas.

—¡Esa tengo que verla! —se te escapa cuando lo ves por primera vez.

¡Si veo el tráiler cinco veces seguidas me ahorro la entrada!, piensas, lógicamente, porque te meten todo lo mejor de la película en un minuto, mientras que el resto de película es paja donde te quedas sobado. Pero son americanos y saben cómo hacerlo, putos artistas del márketing. Con una imagen clavan el producto, con una presentación ya lo bordan y expanden. Pero ahí está tu labor comercial, desarrollar esa entrada que has conseguido con la presentación y penetrar al cliente, sea cual sea, de tal forma que sea él quien lo quiera, quien quiera pagar la entrada. Pero como en cada tipo de película, comedia, acción, romántica, drama, a cada cliente le tienes que dar lo suyo. ¡No seas mal pensado! Su producto adecuado. No le metas una romántica a un tipo duro o no ira más al cine a ver tus pelis. Si le das un tráiler con un poco de todo, un poco de acción, un poco de drama o de comedia, fíjate cuáles son sus preferencias, cuándo presta más atención, qué le interesa y céntrate en ello. Muéstrale tu película como la película de acción que él quiere y le gusta, pero siempre y cuando tu película tenga acción, si no, no querrá ver más.

Si tu producto cumple con las expectativas del cliente en uno de los aspectos, céntrate en él, demuéstraselo, salte del guion de la presentación y haz hincapié en ese punto. Dependiendo del cliente debes adaptar la presentación a sus necesidades. Incluso puedes modificar la presentación inicial y preparar varias diferentes adecuadas a diferentes tipos de clientes. Usando la más enfocada a la visita, donde sabes que refleja los puntos más considerables para él, centrando el producto en las necesidades del cliente concreto. Quita partes que sabes que no son importantes para él y solamente te harán perder tiempo de atención. Dedica el tiempo a lo interesante para cada cliente, mejora tu productividad ahorrando tiempo. Una buena presentación, o reunión, no se valora por el tiempo invertido, sino por la eficacia en resolver con el cliente, en cubrirle sus expectativas. Ya pueden ser cinco minutos o cinco horas, que si te has ganado al cliente, será el tiempo más productivamente invertido. A veces, solamente responder correctamente una pregunta te hace lograrlo sin tener que dar horas de argumentaciones.

Cuantas más visitas tengas en tu haber, más experiencia a la hora de estudiar y saber lo que tienes enfrente. Irás calando al cliente antes de que pueda expresarse, sabrás qué le es importante. Fíjate en su entorno, qué cosas hay en su despacho, qué libros o catálogos tiene en la mesa, si es de la competencia o no. Analiza y examina todo cuanto puedas para poder enfocarte hacia sus necesidades. Pero hazlo hábil y sutilmente. Absorbe cuanta información se encuentre a tu alrededor.

Llegué a una visita con un cliente, que no había estado antes, era la primera vez que entraba en su despacho y me puse como loco a examinarlo mientras nos sentábamos. Me fijé en los libros que tenía en la estantería, eran de todo tipo, técnicos, económicos, catálogos de la competencia y de mil cosas más. Se veían todos usados, habían sido leídos y consultados en repetidas ocasiones. Pensé: este tío es un estudioso al que le encanta saber de todo. Le contaré técnicamente hasta el último detalle de mi producto para que vea que soy un tipo bien preparado y así me lo gano. Era uno de los técnicos más jóvenes de la empresa y llevaba poco tiempo trabajando allí. Viendo los libros, los podría haber traído de su trabajo anterior, de cuando era estudiante, de cualquier sitio, qué sabía yo. Formé una idea de él en mi cabeza y me disponía a atacarla cuando vi en la mesa una oferta de la competencia. Qué mejor punto de ataque que enfocarme en eso y pegarle duro a la competencia, pues a darle. Aunque no tenía la visión total de la oferta, podía intuir qué equipo era el ofertado, por lo que me lie a comentarle todas las características técnicas de nuestro análogo. Parecía un niño de colegio soltando la lección aprendida de memoria, sin parar de hablar mientras le veía que no tenía ni el más mínimo interés, su cara delataba que no estaba consiguiendo más que aburrirle. Ninguno de los puntos que comentaba le causaba efecto, era como si fuera una estatua de cera totalmente ausente a mis palabras. Me estaba crispando que nada diese en el blanco ante él, impasible a cualquiera de mis explicaciones, incluso cuando traté de atacar a la competencia y el equipo que tenía ofertado encima de la mesa. Ni aunque le hubiera tirado a la cara un precio mucho más bajo se habría inmutado. Me estaba volviendo loco y no entendía que fuera tan inútil, no soy el mejor comercial del mundo, pero tan malo para que no sepa que estoy delante de él... Necesitaba ayuda, mi idea mental y esa oferta no estaban resultando, no había forma de entrar en él. Debía buscar otra cosa o me iba a echar del despacho en breve. Seguí escudriñando todo lo que había a mi alrededor en busca de nuevas pistas. Y la encontré, delante de mí, en la mesa justo delante de mi carpeta, que había plantado en su mesa cordialmente con el logo de la compañía para que no olvidase con quién estaba hablando. Pero el que no lo olvidará seré yo. La placa con el nombre no era el suyo, no era su despacho, el pobre como era nuevo no tenía despacho y se había metido en uno libre para que pudiésemos estar tranquilos.

—¡Este no es tu despacho! —afirmé con cara de la he cagado y llevo casi media hora mal enfocado.

—¡No, es del jefe de compras que está de viaje! —dijo sonriente, entendiendo que el tiempo que llevábamos no había sido productivo para ninguno de los dos.

Menuda pérdida de tiempo que había tenido y que le había provocado. Decidí comenzar de nuevo y preguntarle un poco para poder hacerme idea de qué podía intentar venderle, si es que podía después de hacerle perder tan valioso tiempo. Fue muy correcto al ver mi cara de sorpresa al descubrir la errónea ubicación. Me contó su puesto en la compañía, sus áreas de labor y responsabilidad y sus experiencias allí. Estuvimos otra media hora charlando y obteniendo una valiosísima información acerca de él y de la empresa. Ahora sí, ya podía enfocarme en los productos que de verdad le pudiesen encajar y la visita se tornó en productiva. Como él no tenía mucha experiencia en algunos de nuestros productos, pero le interesaban, se los logré encajar y explicar fácilmente, ganándome así su confianza. Pasando del fracaso y aburrimiento a una charla productiva y educativa con gran posibilidad de venta. Al final nos fuimos a la cantina de la empresa a tomar un café y charlar de fútbol y paracaidismo, que él practicaba y yo siempre he querido probar, pero sin los cojones suficientes para tirarme de un avión. Aunque con lo que él me contó, las sensaciones de la caída, el aire en la cara, la libertad, estuve una semana buscando sitios para ir a hacerlo. Al cabo de una semana se me había pasado la tontería y no me había jugado el tipo a cinco mil metros del suelo, menos mal. Pero el caso es que ya la charla se tornó amigable y teníamos más chance entre ambos. Le ataqué sobre la oferta que había en la mesa, era un producto que no era para él y no sabía nada de ello. Menuda putada, esa era una posibilidad de venta a corto plazo, pero qué le íbamos a hacer, seguiría tratándole a ver qué me compraba.

A los dos días de la visita, me llamó un compañero suyo, no el jefe de compras, otro técnico que necesitaba el producto ya ofertado por la competencia. Qué bueno recibir esas llamadas. Por eso un comercial tiene que atender siempre el teléfono o devolver las llamadas sin olvidarlas. Estaba estudiando la oferta de la competencia pero no le terminaba de convencer, me explico por qué no y pude prepararle una oferta de un producto que le encajaba a la perfección y cumplía mejor que el otro. Con toda la información que él me iba dando yo buscaba cumplir y lo iba plasmando en un papel para poder prepararle la oferta perfecta, aquella que cumpliera, una a una, todas sus necesidades y dudas. Le presenté una oferta irrechazable, le encantó, le encajaba a la perfección y me aseguró que lo comprarían.

Pasaban los días y el pedido no llegaba. Yo estaba trabajando varios temas con el primer visitado y le preguntaba si sabía algo cada vez que hablábamos.

—¡Me ha dicho que ya lo ha presentado a compras, que no está mirando nada más, tu producto le encaja! —me decía el pobre tratando de consolarme.

Pero yo seguía sin el pedido. Tiré de memoria y recordé el nombre que había en el escritorio, el jefe de compras. Llamé y pregunté por él; le conté la historia de que su técnico me había llamado, yo le había enviado la oferta hacía una semana y él me había confirmado que tenían que comprarlo. No sé a qué esperaban, pero eso no se lo dije, claro está. El de compras estaba buscando otras ofertas de otras marcas, por eso tenía tantos catálogos en la mesa. Cómo se buscaba la vida el mamón. Mi oferta era superior en precio a la que ya tenía y no le convencía, andaba buscando otra marca que cumpliera como mi equipo pero con mejor precio. Me tenía atrapado con un pedido mío que podría perder si otro comercial andaba más listo que yo. Tenía que tomar las riendas y me fui a verle. Me planté allí, en su despacho, esta vez con el auténtico inquilino. Estuvimos charlando un rato que más pareció un interrogatorio, no paraba de preguntarme por la marca, todos los productos que teníamos, qué hacíamos, cómo lo hacíamos, cuántas personas trabajábamos en España y fuera de ella, todo, solo faltaba que le diera el nombre de los hijos de nuestros trabajadores. Me sometió al primer, segundo y tercer grado sin descanso. Después de contestarle todo, parece que se quedó contento y me confirmó que el precio era lo único que no le gustaba, por el resto estaba de acuerdo con los técnicos en que nuestro producto era el más adecuado. Estaba de acuerdo, pero si era el de compras, él solamente se debería preocupar por el precio no, pues no. Él había comenzado como técnico y conocía la empresa al dedillo, por eso tenía tantos libros y catálogos, que se había leído una y otra vez, estaba más instruido técnicamente que sus chicos. Era un hombre mayor, que llevaba toda su vida trabajando allí, había estado en todos los puestos y era como el alma de allí, todo lo sabía. Pero no había encontrado todavía una competencia a mi producto a mejor precio, por lo que no me quedó otra que darle un descuento e igualárselo para que me pasara el pedido de una dichosa vez. Pero así fue, descuento concedido, pedido recibido.

Tuve que hacer una gran labor tratando con los técnicos y luego con compras. El aspecto técnico lo solucioné fácilmente, pero estaba estancado en compras. Me había olvidado de ese lado tan importante para el cierre de la venta. Cuando se me iluminó la bombilla me puse manos a la obra a completar mi labor. Esa vez el de compras era un hueso duro de roer en el aspecto técnico, sabía más que yo. Pero ya los técnicos y su experiencia me habían completado esa etapa. Solamente faltaba ofrecerle, a la última firma para recibir el pedido, el punto que me hiciese merecedor, el precio. Si era eso lo que tenía que ofrecerle, se lo ofrecería siempre que entrase en beneficio para mi compañía. Estudiados costos y beneficios, podía darle el descuento necesario para él y así conseguir su rúbrica.

Cuanto mejor conozcas al cliente, más fácil te resultará ofrecerle tus productos.

Qué no hacer

Todos sabemos lo importante que son las visitas para la consecución de las ventas, una imagen vale más que mil palabras. Es importante dejar un buen recuerdo en la memoria del cliente para cuando le surja una necesidad. No tienes que obcecarte en conseguir venta en cada visita, eso te desesperara y le perderás el gustillo. Limítate a visitar y disfrutar de cada una. La venta puede llegar al día siguiente o a los dos días con una llamada o un mail. Incluso se puede demorar unos meses, si en ese tiempo la necesidad del cliente no es urgente o hay otras necesidades más importantes, pueden relegar tus productos al momento oportuno. No seas impaciente, espera tu momento, si lo trabajas bien llegará.

Lo importante es mantener el trato con el cliente mediante visitas, cuando se pueda, o telefónicamente, vía mail o por señales de humo. Sea la forma que sea, has de estar en contacto.

Existen los comerciales agresivos que van directos a por la venta rápida, y lo consiguen. Bien por suerte o por estar en el momento oportuno, pero son capaces de cerrar la venta en la primera visita. Para eso deben darse muchos factores oportunos a la vez: que el cliente estuviera buscando tu producto, que le hayas creado la necesidad y pueda comprarlo en ese momento. Un sinfín de posibilidades pueden confabular los astros en vuestro favor. Pero es muy difícil que se dé, por lo que yo recomiendo ser pacientes, no tratar de vender en cada visita. Es más importante ganarte al cliente en la visita antes que cerrar un trato rápido. Lo mismo te compra un producto, porque se lo has metido por los ojos, cierras esa venta, pero pierdes la oportunidad de otras posibles ventas, porque solamente le ha quedado en la mente ese producto pero no tu presencia.

Considero más importante que el cliente te recuerde a ti que a tus productos. Tú estás para enseñarle esos productos, y así lo harás si él te recuerda y te llama para cualquier necesidad relacionada con tus productos. Que sea él quien te llame y te pregunte y tú ya te centras en el producto que mejor le encaje cada vez. Si acude a ti con una consulta, es que piensa en ti como estandarte de esos productos, confiará y se dejará asesorar. Para eso debes causarle una buena impresión, ganártelo, provocarle sentimiento de que tú serás su asesor y le ayudarás con sus necesidades. Cuando le ayudes, te llamará y te consultará en busca de guía entre tus productos para cubrir sus necesidades. Cuando va en tu busca ya estás ganando la mitad del pedido, ya solo debes enfocarlo bien y obtendrás la venta.

Para conseguir clavarte en la mente del cliente debes tener buena presencia ante él, ni dubitativo ni agresivo. Debes dejarle hablar, que te comente y podrás utilizar esa información beneficiosamente. No seas un plasta dándole la paliza sobre tus productos y tu compañía, eso le aburre y desconecta de la charla. No te quedes pasmado esperando que él solito te vaya a comprar, aunque a veces me ha pasado, no lo recomiendo. No vayas nunca de listillo intentando quedar por encima de él, los dos sabéis mucho, no es un pulso, es una negociación. Da igual qué empresa es más grande o tiene mayor facturación, un cliente, por muy pequeño que parezca, sigue siendo un cliente. Nunca vayas directo contra la competencia, y mucho menos si es lo que actualmente gasta, eso es atacar sus decisiones y no le hará gracia. Ensalza tus puntos a favor pero sin atacar, debe ser él quien decida cambiar, no vas a conseguir obligarlo con acusaciones. No trates de lucirte técnicamente, no sabes con quién te enfrentas y puede que te supere en conocimientos, quedarás como un charlatán. Es mejor ser humilde y quedar en averiguárselo antes que afirmar cosas que luego no se cumplan, quedarás como un mentiroso y no podrás recuperar su confianza.

Sé que estás pensando ahora «Hay cada personaje suelto...», es correcto. Pero debes conseguir clientes, no enfrentarte a las personas, por muy soplas que sea. Ten paciencia, déjale que suelte sus chorradas, clávale un par de puyitas a favor de tus productos y él volverá a por ellos, porque él lo dice, pues vale, pero tú te ganas la venta.

Trato de ayudaros a conseguir ventas, no a hacer amigos, pero si lo juntáis es maravilloso, por lo menos a mí me encanta. Algunos clientes que en la primera visita me parecieron odiosos hoy en día son grandes amigos. Todos juzgamos la primera impresión, pero no tiene por qué ser la acertada. Aunque también hay muchos otros que siguen siendo odiosos pero muy buenos clientes. Hay de todo en la villa del señor. El trabajo comercial, en verdad, es muy duro y puedes vivir momentos muy desagradables y desesperanzadores, pero debes tener paciencia y experiencia para poder solventarlos sin que te afecten y poder desempeñar tu labor siempre con una sonrisa en la cara. Una de las cualidades de un comercial debe ser tener siempre una sonrisa en la cara, aunque estés delante del mayor de los capullos, no dejes que te borre tu bonita sonrisa de la cara.

Recuerdo una reunión, en un cliente muy importante para mí y la compañía que representaba aquel entonces, muy dura y agresiva contra mí y unos productos que había malvendido, pues no se ajustaban a sus necesidades. No estudié bien el tema y la cagué. Se me presentaron cinco personas de la empresa para crucificarme por aquello. Una de ellas era una ingeniera preciosa, joven, guapa, con un cuerpazo increíble, unos ojos inmensos y dulces. Siempre la había visto con la ropa de trabajo, un mono azul, antierótico, pero que, aun así, dejaba entrever un cuerpazo. Las veces que la había visitado, siempre había sido dulce y colaboradora, nos entendíamos bien, siempre y cuando no tratase de mirar por arriba del mono, pues tenía un escote tan generoso que los días de calor me mataba tener que mirarla a los ojos y no escurrirme por la abertura hacia esos preciosos pechos que ceñía ese ropaje. Pero ese día, ella era la más damnificada con mi error, se le notaba en la cara al entrar en la reunión con los otros cuatro. Traía cara de pocos amigos, con una mirada hacia mí de odio. Yo echaba de menos ver su dulce sonrisa. Me estremecí al verla entrar, y esta vez no era de placer, me acojoné entero cuando noté su expresión de odio, clavándome la mirada como si me estuviera despellejando entero. El resto de asistentes eran varios jefes de la compañía, que aunque no viniesen cordialmente, no traían tanto odio. Estaban todos trajeados y pulcros, como era de esperar por sus cargos. Menuda tarjetería, ya no sabía qué estaba leyendo, jefe de producción, director de operaciones, mánager de no sé qué, ni que hubiera entrado en el Pentágono. El caso es que ella venía con un traje de falda y chaqueta azul, una blusa blanca impoluta, no se había maquillado mucho, no lo necesitaba, estaba preciosa, era una delicia de mujer tal que cuando subí la vista y me topé con su asesina mirada, me encogió el alma y el resto.

Nos sentamos en una sala enorme, con una mesa ovalada para unas veinte personas, era una sala de conferencias con proyector, varias pizarras y algunas fotos de la compañía bien enmarcadas. Debía ser la sala de las reuniones importantes, pero para mí iba a ser la sala de torturas. Yo agazapado en un lado y ellos enfrente. Comenzó a hablar el más jefe de todos, o el que tenía el cargo más largo en la tarjeta, tranquila y pausadamente exponiendo el problema que yo había causado a su compañía con mis equivocados productos. Fue una explicación directa, sin adornos hirientes, concisa, explicando los hechos y el problema sin alterarse ni lo más mínimo, hablando reposadamente sin ser pedante ni molesto. Se notaba que por algo era jefe, no quería atacarme ni recrearse, solo buscaba solución al problema y esperaba que yo se la diera. Entonces empecé a preguntarle por cuestiones más técnicas para tratar de obtener la fuente del problema y la posible solución. Fue el detonante de la mecha de ella, saltó quitándole la palabra a su jefe, atacando los productos, que si no funcionan bien, son una mierda, yo la había engañado, les había vendido basura... me dio por todos lados. Pero no como a mí me habría gustado. Se iba encendiendo y subiendo el tono, llegando un momento en que no le entendía nada, pero no podía dejar de mirarla a los ojos o se me escaparían hacia su escote y la liaríamos más gorda. Era un momento tenso, me sentía que la sala se me alejaba mientras bajaba a las profundidades del infierno, merecido por cagarla con tan semejante belleza. Otro de los reunidos la agarró del brazo frenándola, se pensaría que saltaría la mesa para pegarme. Fue entonces cuando comenzó a responder a mis preguntas más claramente, con un tono de voz más agradable y relajado. Ella se calmó un poco. Estuvimos analizando el tema con alguna increpación, pero en tono de entendimiento, mientras tomaba mis notas e intentaba ubicar el fallo. Todo provocado porque cuando se suministraron yo estaba de viaje y no pude atenderles, me olvidé y a mi vuelta no seguí el tema, hasta dos semanas más tarde que fue cuando el jefe directo de ella, quien la había calmado, me llamó para citarme la reunión. El caso es que estaba tomando forma el problema y conseguía entenderlo. Pese a su mirada de odio, la cosa se había calmado y yo podía analizar la situación. Tras dos horas de reunión, llegó la hora de comer y la daban por terminada a espera de que les llamase con una solución o al día siguiente me mandarían de vuelta los productos, perdiendo por completo el cliente y la posibilidad de ver a esa belleza nunca más. Durante la reunión, con tanto ataque, la veía un poco más fea, las cosas como son.

Me senté a comer, no lejos de allí, con mis anotaciones en la mano repasándolas una y otra vez. La cagada era gorda y parecía que sería el fin con ese cliente. Estaba agotado mentalmente de la reunión y de repasar mis notas. Me quedé mirando la tele mientras me traían ya el café. Cuando le pegué el primer sorbo no pude más que escupir, menos mal que estaba solo en la mesa. No era por lo caliente del café, era porque algo se me había iluminado en ese instante y agarré mis notas mientas se acercaba el camarero corriendo al ver el escupitajo.

—¿Se encuentra bien, caballero? —preguntó mientras limpiaba la mesa.

—De puta madre, jefe —le solté mientras mi cara de derrota se transformaba en la sonrisa más amplia del mundo.

Tenía la solución, me había entrado mejor que el café, sabía lo que tenía que hacer. Pagué y fui al coche corriendo para llamar al director técnico de la compañía, quien me confirmó que la idea de modificar los productos ya entregados se podía realizar y haría que funcionasen perfectamente.

Me presenté en la empresa de nuevo, preguntando por ella, pero parecía que no quería recibirme.

—Dígale que tengo la solución —grité en la recepción para que lo transmitieran, y resultó.

Me recibieron su jefe y ella, con su misma cara de odio anterior, pero más tranquila y sin atacarme.

—¡Tú dirás! —se limitó a decirme esta vez.

Les expliqué la solución que había sopesado con el director técnico y que sería efectiva para terminar con el problema y que todo funcionase correctamente. Le iba cambiando la cara, pero sin alcanzar la sonrisa que yo deseaba ver. Su jefe también parecía satisfecho y estaba dándose la vuelta a la tortilla. Les convencí para darme otra oportunidad y zanjamos la reunión. Ella dijo de acompañarme a la puerta, ya no estaba tan enfadada, pero no terminaba de verla muy conforme.

—Como eso no funcione te voy a matar, mi puesto está en juego por tu falta de atención. —Sus palabras rasgaron mi alma, pero me fui contento con la posibilidad de arreglarlo.

La semana siguiente fui con el director técnico para ayudarle con las modificaciones, juntando bien los dedos, para que todo saliera perfecto, como así fue. Hicimos los cambios y todo empezó a funcionar correctamente. Ella ya estaba más contenta y sonreía un poco. Yo no paraba de dar disculpas por mi error a todos. Por allí se acercaron todos los de la reunión y conseguí quedar bien. Pero después de la cagada con ella ya no era el mismo trato que antes, estaba más distante y menos amigable, limitándose a ser profesional ante mí. Seguía visitándola, pero eran visitas más breves dedicadas a lo meramente profesional. Sé que nunca tuve posibilidades de ligármela, pero la esperanza es lo último que se pierde, a no ser que la cagues como hice yo, y perdí toda esperanza con ella.

No presté atención a su oferta y no estuve pendiente al estar de viaje. Descuidé al cliente que, encima, era una belleza y casi pierdo la cuenta. Siempre, siempre estad pendientes, no os olvidéis hasta que todo esté correcto, o las cosas se torcerán y acabarás perdiendo no solo dinero.

Después de una venta

Para un comercial lo más importante es vender, conseguir pedidos de sus clientes. Para ello debes prepararte en tus productos, conocer la compañía en que trabajas, saber enfocarte en las necesidades de los clientes, o posibles clientes. No es fácil conseguir una venta, debes trabajar mucho para lograrla, aprender muchos conocimientos tanto técnicos y financieros, como de cultura general para poder hablar, explicar y presentar al cliente lo que él querrá comprar. Tus dotes de comercial son los que dan consecuencia a la venta. Tu arrojo, tus ganas y tu tesón son lo que te encumbrarán al triunfo pedido tras pedido, cliente a cliente.

Ese momento en que logras la venta es puro placer, es la recompensa al trabajo bien hecho. Es la meta de tanto esfuerzo, pero no el final. Nadie puede vivir de una sola venta, habrá algún caso, pero por lo general no. Debes vender y seguir vendiendo y trabajando para tener un buen futuro profesional y ganar pasta, que es lo que todos queremos. Cuando consigues un pedido sientes que te has ganado el sueldo, que eres un buen trabajador y te animas. Es un momento de subidón recibir un pedido, pero no debes dejar que ese momento se extienda en el tiempo sin más. Toca aprender de ese pedido y seguir a por otros. Estudia y aprende por qué y cómo lo has conseguido para ayudarte en los próximos.

Hay comerciales que consiguen un gran pedido, de pura potra, y no vuelven a vender ni un colín, mal. Debes continuar y no estancarte en un maravilloso instante por muy grande que sea ese pedido o por mucho tiempo y esfuerzo que te haya costado lograrlo. Disfruta el momento, pero continúa a por más. No desprecies al resto de posibles pedidos, pues hay quien al obtener un gran pedido ya no quiere los pequeños, la competencia se los quedará. No te despistes ni te sientas que eres tan cojonudo que debes dedicarte solo a las grandes cuentas, de pequeñas cuentas puedes obtener una mayor facturación.

Los pedidos de menor importe suelen ser más fáciles y menos laboriosos. Por lo general es casi como una compra directa en tienda, rápida, sencilla, un intercambio de producto y dinero, y venta cerrada. Con muchas ventas así puedes lograr una alta cifra de facturación. Una gran venta demandará más visitas, más negociaciones, comidas y cenas con él o los implicados en la decisión de la compra. A mayor gasto más firmas requerirá el pedido que tanto ansías. Seguramente dedicarás todo tu tiempo en ese pedido, mientras la competencia estará al quite robándote los pedidos más pequeños. Pide ayuda a tus compañeros y jefes, no dejes de lado otras posibilidades de negocio.

Una venta pequeña podrás realizarla con un solo interlocutor directamente. Le presentas el producto, te lo ganas, se le crea la necesidad y te lo compra. Puede que incluso con una sola visita cierres el trato. Pero sigue siendo un pedido, aunque el importe no sume más de 5 €, un pedido es un pedido. Mil pedidos de 5 € te darán un facturación de 5.000 €. Nada desdeñable si no te cuesta ni tiempo ni esfuerzo, monta una web y que se venda el producto solo. Es una solución cuando tienes un buen producto. Pero lo que no gastes en comerciales lo gastarás en publicidad. Se puede realizar y tener éxito. Pero mi libro es para ayudar a comerciales a desempeñar una buena labor con esfuerzo y ganas. Cuando tenga la clave del éxito sin trabajo ni lo escribiré.

Tanto la venta pequeña como la grande suman. El cliente pequeño y grande te hacen negocio y cifra ambos, no desprecies a ninguno. Es tan satisfactorio el pedido de 5 € como el de 5.000 €. Sigue trabajando, esfuérzate, lucha día a día por más pedidos del importe que sean, sigue sumando pedido tras pedido. ¿La coca-cola a cuánto vende sus productos? ¿Cuántos pedidos tiene? ¿Qué cantidad en cada pedido?

Debes centrarte en lo que tienes en tus manos y en venderlo, obtener ventas del producto que te ha sido asignado. Demuestra que eres un buen comercial y que puedes vender productos de 5 € y productos de 5.000 €. No se es mejor comercial por vender productos más caros sino por desempeñar bien su labor, por completar la cifra marcada, tener clientes satisfechos, estar pendientes de los pedidos y un final complaciente para el cliente y para la empresa en que trabajas.

Siempre me ha gustado llevar productos en el coche para poder mostrarlos, pero depende de lo que vendas podrás o no. De ser cosas grandes no vas a ir en un autobús a plantarte en la puerta de los clientes, sobre todo si es en Madrid, que no hay quien aparque. Pero cosas que caben en el maletero, ¿por qué no? Viene bien enseñárselo al cliente, que lo vea, lo toquetee, lo conozca y se encariñe.

Yo tenía un cliente que era muy de manuales y papeles, le encantaba que le llevase folletos y cosas para leer, se los estudiaba todos y encima preguntaba, pero le respondía y algunas veces compraba por su propia decisión, poco esfuerzo tenía yo a excepción de las preguntas complicadas que ya me buscaba ayuda para resolverlas. No solía verle tocando productos y no solicitaba nunca una demostración. Si el manual lo decía él lo creía. No quería pruebas empíricas, no lo necesitaba si tenía el papel que lo decía. Su despacho tenía más papel que la Biblioteca Nacional, estaba lleno de libros, folletos, información de todo tipo, pero ni un solo producto o componente. Era todo papel pero nada tangible. Con lo que me gusta a mí trastear, este tipo solamente hablar y revisar documentos, pero compraba y era un tipo agradable. Era un tipo joven, como yo. ¡No te rías! que la esperanza de vida aumenta y todavía somos jóvenes. Hacía ya unos cuantos años que había dejado la universidad pero era un fenómeno, su tesis estaba publicada como la obra de una eminencia, tenía un coco prodigioso, en sus años de estudiante brilló más que una estrella con nuevas ideas. Se apuntaba a todos los talleres colaborando con los profesores y doctorados. Realizó grandes avances y progresos en todo lo que tocaba. Pero era un tipo de papel y estudio, todo lo leía y analizaba sacando de ahí sus teorías y avances. Anda que si le cae mi libro con mis tonterías sin ningún rigor científico, a saber qué sale.

Él me dijo una vez que era muy manazas y que en su casa no cambiaba ni una bombilla porque fundía los plomos. Pero lo estudiaba y analizaba todo con esmero e ideando la mejor forma para lo que fuera. En su empresa sabían que si le daban todos los datos conseguiría la mejor solución sin tocar ni probar nada. Uno de sus compañeros me contó que cuando le cambiaron el ordenador la lio. Sabía de informática lo que no está en los escritos, programación, aplicaciones, de todo. Pero le mandaron el PC y decidió ponérselo él, sacarlo de la caja, enchufar todo y poco más, pues estaba todo ya instalado. No tenía más que encenderlo y meter su usuario y contraseña, y tendría todo como en el anterior pero con nueva versión de sistema operativo. Sacó todo de sus cajas, torre, monitor, teclado, ratón, cables, etc. Quitó el viejo de su escritorio, limpiando el polvo almacenado debajo, modificando un poco la antigua estructura de su escritorio para darle frescura y que pareciera que le habían cambiado de despacho. Siempre viene bien romper la monotonía. Cambiar de lado la taza de los bolis, la foto de la familia, el monitor, esta vez un poco más hacia el centro del escritorio, y algunos cambios que hacen que estés en un «sitio nuevo». Aunque luego vuelves a poner la taza de los bolis en su sitio porque no has cambiado de diestro a zurdo, el monitor lo emplazas como el anterior pues es el lugar donde recibe menos reflejos. Volviendo al diseño de siempre. Pero él, como todos, lo hizo por darle modernidad sin ayuda de nadie, ni del informático. Colocó cada cosa en su nueva ubicación, teclado, ratón, torre, monitor, todo perfectamente, diseñando un despacho «nuevo». Cuando ya tenía el diseño le tocó el paso al cableado, fácil y sencillo, sobre todo para el de Bricomanía, solamente es alimentar la torre y el monitor. Eso hizo él, todo listo. Pero no se encendía. Saltaba un error al arrancar y la dichosa pantalla azul insufrible, cuando el PC quiere romperte la paciencia y el alma. Su compañero me contaba que le habían visto mover todo varias veces, redecorando todo el despacho, cambiando cables de alimentación, probando otros ladrones de suministro eléctrico. Hizo de todo pero no funcionaba. Pasó toda la mañana sin conseguir arrancar el nuevo PC, hasta que un informático de la compañía se acercó a verle. Le ofreció su ayuda mientras este le recriminaba que le habían mandado un equipo roto. El informático, con cautela, intentó arrancarlo con el mismo resultado, pantalla azul. Con calma se levantó de la silla y se dirigió a revisar los cables de alimentación y conexiones. Resulta que había conectado mal el teclado y el ratón, incluso doblando uno de los pines sin estar bien introducido. Sin mediar ninguna explicación, arregló el conector del ratón, lo invirtió con el del teclado y le pidió que encendiera de nuevo, haciéndose la luz y funcionando todo correctamente, tres horas más tarde de su primer intento de arranque. Era un manazas...

Sus manos no eran buenas pero su cerebro sí, era un prodigio. Estando un día visitándole, se había estudiado uno de mis productos al completo, era un equipo de medición para ciertas necesidades, todo venía en el manual y en las especificaciones. Pero él había hilado que si podía hacer esto y lo otro debía hacer lo siguiente.

—¿Qué me estas contando? —pregunté ante mi incredulidad por los propósitos que me exponía.

Yo me limitaba a lo que decía los papeles, pero él iba más lejos, demasiado lejos para mí ese día. Tenía una resaca del copón, había estado la noche anterior cenando con un cliente y se nos había ido de las manos, mucho vino, muchas copas... No estaba yo para pensar si podría hacerlo. Pero él insistía en que sí. Según su estudio el equipo lo haría y ellos lo necesitaban en su empresa. Y eso que yo había ido por cumplir papeleta, ¿me iba a tocar trabajar o qué? Tenía un equipo en el maletero y me fui a por él. Debía hacer algo, no podía dejar en sus manos algo que no estaba claro. Pues ale, a probar el equipo con sus compañeros técnicos a ver si su teoría se podía completar. Era cabezón el manazas y no podía negarme a confirmar sus teorías. Tras un rato de pruebas conseguimos hacer lo que el niño deseaba. No sé ni cómo lo hicimos, desde una silla, sin acercarse al equipo, nos iba diciendo qué parámetros configurar y tocar. Sus técnicos, yo no estaba ese día para tocar nada que no fuera una B12, iban siguiendo sus instrucciones hasta que consiguieron que el equipo hiciera lo que él quería. Y lo hizo, lo tenía tal cual él había diseñado en su mente, era su equipo, ya no era mío, era su creación. Pero para mí fue un pedido directo. No me dejó ni despedirme, se lo quedó allí listo para utilizarlo. Todo tuyo, nene.

No era un gran importe ese equipo, pero se lo había quedado sin yo tener ni la más mínima intención de vendérselo, pero así fue, allí se quedó. Cuando regresé a la oficina mi jefe me reclamó el equipo que me había llevado.

—No lo tengo —le dije con cara de satisfacción y aliento de resaca—. Lo he vendido —afirmé triunfalmente mientras él flipaba.

Esos equipos no eran de venta directa y no era lo acostumbrado, pero lo había hecho. Había disfrutado esa pequeña venta, y me sentía el rey del mundo. Me aventuré a darle el tique de la cena de la noche anterior, pletórico de mi éxito. Una cena de las caras, vino *de lux* y copas incluidas, bronca asegurada. Pero no supo qué decir, no sé si por la venta o por mi halitosis que le había atacado, embriagándolo, pero me firmó el tique y administración lo aceptó. Disfruté mucho esa venta de poco importe, gracias al cliente, superando mi resaca y la bronca merecida, pero una venta disfrutada al fin y al cabo.

Aunque haya factores externos que te ayuden en la venta, debes disfrutar cada una de ellas sin importarte su importe. Las grandes ventas, de importes mayores, son bien agradecidas también. Pasas mucho tiempo luchándolas y trabajándolas, técnicamente, económicamente, de un sitio a otro con los técnicos, los de compras, hasta san Dios para lograr tu objetivo. Dedicas mucho tiempo para cumplir con todos y llevarte el pedido. Demuestras las bondades de tu producto, defiendes el precio por que lo vale, trabajas con unos y otros dándoles a todos la máxima importancia para que no se te escape. Debes estar muy pendiente de todos, pues como alguno se escape pierdes la venta y el tiempo invertido. Sé constante y esmerado, busca qué más patas debes convencer para que consigas todas las firmas de un gran pedido. Si te falta una por trabajar es como si no hubieras trabajado en las demás. Encuentra todos los flecos para tu objetivo y trata a cada uno de ellos como independiente. Con el de compras no te sirve de nada que el técnico esté de acuerdo, al técnico lo que es del técnico y al de compras lo que es de compras. Ser el favorito en un lado no te dará la victoria. Trabájalo todo concienzudamente.

Por mucho esfuerzo que te dé una venta, grande o pequeña, una vez terminada la vida sigue. No debes pararte en ninguna venta. Ten siempre presente la siguiente a conseguir. Sé consciente de que no vas a vivir toda tu existencia de una sola venta. Toca seguir vendiendo. Tras una venta a por la siguiente. No te demores.

En mi cartera de clientes tenía una gran cuenta, una empresa que se dedicaba a ejecutar grandes proyectos, no voy a decir el nombre, paso de hacer publicidad, si me financiasen el libro lo pondría con letras mayúsculas, pero lo dudo, aunque espero que alguno de los que lo que esté leyendo sea trabajador de ahí y se sienta identificado. El caso es que esa compañía tan grande, por eso gran cuenta porque facturaba mucho dinero, aunque para mí igual de importante que Don Manazas. Para conseguir venderles tenías que trabajar con varios departamentos: técnico, proyectos, compras, etc.

Los dominaba todos, en cualquiera conocía a alguien o había trabajado anteriormente con alguno. Era mucha gente, todos grandes profesionales, no sabe uno dónde terminara su carrera, qué voy a decir. Trabajaba con todos, técnicos, financieros, logística, documentación y el que estuviera en ese proyecto donde yo podía venderles algo, ya fuera uno o mil productos. Pero a todos los trataba con el máximo respeto, enfocándome en qué lado podía ayudarles individualmente. Lo cual me granjeó grandes amistades y favorables ayudas, a veces contra su propia empresa.

—El técnico no está del todo convencido —me informaba el de compras.

—Tu precio no es el mejor —soltaba el técnico, mientras yo aprovechaba toda esa información para conseguir la venta.

Es lo que tiene una gran cuenta, más trabajadores y más demandantes de atención. Si cubres bien lo conseguirás. Debes averiguar bien cuántos puntos necesitas y trabajarlos todos, no quedarte en el que más te guste o se adecúe a ti. Si no eres técnico estudia un poco, si tratas con el personal de compras hazte un poco gitano, adecúate a cada integrante si quieres completar la tablilla.

Todos ellos estaban en un proyecto un día y en otro al siguiente. Conseguir una venta para uno de esos proyectos te abría las puertas para el siguiente. Para los nuevos siempre encontraba algún técnico o de compras con el que había colaborado en proyectos anteriores. Lo que me permitía seguir venta tras venta trabajando con esa compañía.

Si estás leyendo mi libro y eres contable o personal de compras no te enfades, está dirigido a comerciales. Sí, el comercial, tu gran enemigo, ese que gasta el dinero de tu compañía o el que quiere venderte algo. Pero ese mal necesario que todas las empresas tienen. Pero repito no te enfades, yo estimo mucho a la gente de los dineros, como decía mi difunto abuelo. Soy consciente de que vuestra labor no es fácil, cuidar que no se esfume la pasta. Si en los bancos hubiera alguien así no me pasaría el día en números rojos, pero tampoco van a poner a alguien a llamarme a mi todos los días con el informe nefasto de mis cuentas.

Tener una gran cuenta no es fácil, debes ser comercial de muchos tipos a la vez, un gran técnico para los técnicos, un gran negociador para los de los dineros, etc. No todo comercial sirve para dar todos los roles, pero no por eso puedes desestimar trabajar las grandes cuentas, puedes y debes aprender a tratar a todos, pero cada uno en su sitio y sin mezclar. Estudia a cada uno por su lado, con sus inquietudes y necesidades, que nunca serán las mismas. Para eso tienen tantos departamentos, para que cada uno se dedique a una cosa, reventarte con preguntas técnicas, obligarte a dar descuentos, etc. Sé paciente, amóldate a cada uno y conseguirás ganarlos a todos y cumplir tus objetivos.

En mi gran cuenta, yo tenía mis amiguetes en cada departamento. Cuando se juntaban en el mismo proyecto era el paraíso para mí, todos me colaboraban y favorecían haciendo de un trabajo tedioso y largo, algo fácil y rápido. Procuraba no juntarlos, reunirme por separado de uno en uno sin mezclar. Aunque conmigo se llevasen bien, no sabía si entre ellos también, era preferible no mezclarlos. Mi jefe se empeñó en ver si de verdad hacía bien mi trabajo y tenía tantos «buenos clientes» como decía. Me obligó a organizar una reunión para un proyecto con todos ellos, técnicos y compras en la misma sala a la misma hora, demasiado lío. Estaban trabajando en un proyecto donde yo podía vender fácilmente unos productos que habían encajado a la perfección en proyectos anteriores. Pero él quería tratar de meter otros productos donde no teníamos nada de chance. Todos aceptaron la reunión y así nos juntamos un montón de personas en lo que sería una de las reuniones menos productivas. Mientras hablas de cifras los técnicos se duermen y al contrario. No eres del club de la comedia para divertir a todos al mismo tiempo. Se empeñó mi jefe, y por mucho que intenté cambiar y que fueran varias reuniones, pero no me dejó y juntamos a todos.

—Pues haces tú la presentación —le dije una vez convocada la multitudinaria reunión.

Lo hizo, les pegó una chapa de dos horas contando lo bien que lo habíamos hecho anteriormente, como si no lo supieran. Intentando clavarles productos donde no podíamos técnica ni económicamente, pero era una buena presentación y no cabecearon. Después llegó el turno de charla-discusión donde todos aportaron sus necesidades, aunque él tratase de centrarlo en meter lo que no se podía. Pero le comentaban y se venía arriba.

—Esto se lo vendemos también —me decía susurrándome al oído, taladrándome el cerebro y el alma de comercial, pues sabía, de sobra, que eso no iba a pasar y que le estaban hablando por pura cortesía.

Entonces uno de compras pidió permiso para levantarse e irse, tenía reunión con un tipo de la competencia, no esperaba una reunión tan larga y había llegado ya el tipo. Mientras se despedía de nosotros le pregunté quién era la competencia que le visitaba.

—Es amiguete mío —le dije al escuchar el nombre.

No pudo contener la risa mientras me preguntó delante de todos;

—¿Quieres saludarle?

Pues claro, para seguir perdiendo el tiempo en esa reunión... por lo menos me escapo un rato. Me disculpé y le acompañe a recibir al «tipo de la competencia», que era gran amigo mío. Le recibió cordial y educadamente, pero yo no, le di un abrazo, le pregunté por la familia, lo típico de dos amigos que hacía mucho que no se veían. Aunque habíamos cenado el fin de semana anterior y comentado el proyecto de estos. Nuestro común cliente estaba con cara de asombro ante nuestro saludo y charleta. Éramos competencia pero cada uno vendía productos distintos y teníamos cabida ambos sin acritud en esa cuenta.

—¿Cómo podéis llevaros tan bien siendo competencia? —nos interrogó a los dos, estupefacto ante esa situación que no esperaba de amistad y buen rollo.

—Fácil. A quien más le compres en el mes, paga la cena y la copas —solté sonriente, mientras los tres nos descojonábamos por la situación tan inesperada y a la vez tan cómoda y placentera para todos.

Nos veía como empresas rivales, ni siquiera esperaba que saliera yo de la reunión junto a él, pero fue un momento mágico en que tres seres humanos, trabajadores de cualquier empresa, se dieron cuenta de que las personas, personas son. Capaces de cerrar grandes acuerdos sin olvidar ni dejar de disfrutar cada pedido, grande o pequeño, valorando tanto a los pedidos como a las personas.

A mi regreso a la reunión, la cara de mi jefe se había transformado en agria y desconsolada. Le habían descerrajado con la información tan repetida por mí. Los productos que pretendía venderles no tenían cabida. Firmaron un acuerdo con otro fabricante hacía más de un año para el suministro y no se planteaban ni lo más mínimo cambiar de marca para ese campo. Habían estado años probando los equipos los técnicos y estaban más que aprobados. Los de compras los tenían en su propio sistema informatizado y era compra directa sin oferta ni discusión.

Se nos cerró una puerta, pero se abrió otra. Durante la extensa charla comentó muchos productos, algunos que no comercializaba yo, pero que eran de nuestra fabricación. Uno de los técnicos allí presente se interesó por unos de ellos llamándome al día siguiente para solicitar documentación de ellos. Se lo pasé a mi compañero que los gestionaba y consiguió hacer negocio vendiendo unos cuantos para ese mismo proyecto.

Lo importante en el mundo de las ventas es la continuidad. Seguir vendiendo en nuevos proyectos, nuevos equipos o nuevos clientes es el futuro de un buen comercial. Se ha de trabajar y continuar trabajando día a día.

Servicio posventa

Tan importante es una venta como el servicio posventa. No debes cerrar una venta y olvidarte, si quieres continuar con éxito, por lo menos siempre que el cliente tenga posibilidad de comprar más de tus productos. No te olvides de él, estate pendiente, aunque ya hayas servido y facturado. Visítalo y averigua su satisfacción con la anterior venta, eso te ganará puntos para el futuro. Un cliente contento seguirá comprando, te hará buena publicidad ante colegas y amigos, te dará negocio, mientras que un cliente descontento lo perderás. Los clientes son como un bosque, con ramificaciones, hablan entre ellos, se pasan información, se comunican. Lo que te viene bien para que puedan traerte nuevos clientes y ampliar tu red comercial.

Muchos comerciales se despreocupan una vez lograda la venta, lo cual es una gran pérdida de futuro. Debes continuar trabajándote el cliente y su entorno, su satisfacción la exteriorizará trayéndote más negocio. Se lo contará a sus conocidos o amigos de la universidad que trabajarán en un puesto similar al suyo y que son potenciales clientes tuyos, no los desestimes. Yo he tenido clientes a los que era imposible venderles nada más, estaban bien cubiertas sus necesidades de forma muy satisfactoria, pero seguía visitándoles de continuo porque me traían mucho negocio indirecto, tenían muchos contactos en el mismo gremio y les daban mi referencia. Atendía muchos clientes que me llegaban porque él les había pasado mi teléfono o e-mail. Cuando un potencial cliente te llega de esa manera, tu trabajo será más fácil, ya tienes hecha una buena publicidad hacia ti o tus productos que debes aprovechar. Con poco esfuerzo obtendrás gran beneficio. No te enrolles, pregúntales por qué te llaman, qué es lo que están buscando ya que están orientados a ello y atácales en ese punto, conseguirás tu objetivo rápidamente. Ellos están viniendo a ti, ya vienen con las ganas de comprarte, complétalas con un poco de sabiduría y experiencia. No necesitas soltarles ningún rollo como al cliente donde siempre has querido entrar y nunca te abrió la puerta. Aquel que en tu primera entrada sueltas todo lo deslumbrante para tratar de captarlo. En este caso, te viene ya captado por lo que le han contado y solo debes escuchar las dudas remanentes para cubrírselas y recibir el pedido.

Por desgracia, también están los clientes no satisfechos o parcialmente satisfechos. Pero si no estás ahí después de la venta no lo sabrás. Debes estar pendiente de averiguar qué le ha faltado en su compra para lograr la satisfacción. Déjale hablar, que critique lo que le vendiste, que te muestre los puntos débiles de tus productos. Podrás aprender mucho de esa información, lo mismo tu producto no cumple tan plenamente como creías, lo mismo el cliente no le ha sabido sacar todo el jugo. Y si es así, no tienes más que mostrárselo, enseñarle todo lo que puede dar de sí, hasta maximizar su satisfacción. No te justifiques si no hay posibilidad de cumplir con lo suministrado, sé sincero, estudia el problema que no permite llegar a ese orgasmo del cliente. Ofrece nuevas alternativas o complementos para alcanzarlo. Pero no te pases, no vayas a ir de listillo vendiéndole lo básico y después metiéndole paquetes y paquetes de mejoras, le reventarás y se cansará de ti. Pero si con tu producto no terminas de cumplirle y existe un añadido que lo complete, muéstraselo delicadamente, venderás algo más y conseguirás su satisfacción. Garantizándote así el cliente sin perder su confianza.

Para ello has de dar servicio después de la venta y estar ahí. La labor de un buen comercial no termina en la venta.

Cuando yo vendía sistemas de seguridad, me llegó un cliente que tenía un bar. Ya tenía puesto un sistema de cámaras en su bar controlando los clientes y la caja registradora. Era un tipo muy desconfiado, no se fiaba de sus empleados, ni camareros, ni encargados, personal de limpieza, nadie. Aunque ya tenía una cámara enfocando a la caja registradora quería más. Esas cámaras estaban registradas en un videograbador oculto en su despacho donde solamente él tenía la llave para poder acceder y revisar los vídeos. Pero no era suficiente y el muy paranoico se pasaba los días libres revisando vídeo tras vídeo a ver si pillaba alguno de los empleados. Sin embargo la mayoría de la clientela eran amigos suyos que se marchaban sin pagar pese a las reclamaciones de los camareros. Pero como eran sus colegas les disculpaba y no descontaba eso del saldo, justificando las pérdidas a, supuestos, robos de los empleados.

Me compró uno de los kits de cámaras más caros que teníamos, unas cámaras ultrapequeñas que se podían esconder en cualquier rincón. Junto con un servidor de vídeo que conectaría a su PDA. Todavía no existían los smartphones. Podía acceder en cualquier momento para poder investigar ocultamente lo que pasaba en el bar. Se gastó un pastazo en ese sistema que no paraba de revisar de poco en poco sin conseguir pillar a nadie. A los dos meses me llegó convencido que algo le faltaba, tenía de todo y no pillaba a su empleado ladrón. Me contó que se revisaba las grabaciones del local todas las semanas. Con el equipo oculto se conectaba a diferentes turnos, todo el día pendiente de su investigación. Pero no tenía tiempo de revisar lo grabado y de estar mirando. Le faltaba algo más, quería el control total que pasaba por grabar las cámaras ocultas. Ese sistema no era como el sencillo de grabación, este enlazaba con su PDA y no quería perder la posibilidad de conectarse cuando estuviera en el baño, cagando plácidamente, y pillar al ladrón. Ese sistema de grabación y servidor era de los más caros que existían por aquel entonces, pero el tío me lo compró. Le ofrecí el último accesorio que podía ya instalar y lo compró sin rechistar. Lo instaló y siguió con su *perseguidera*. Yo pensaba que ya estaría tranquilo o habría pillado a alguien, hacía dos meses que no sabía nada de él. Una tarde me pasé por allí a verle y estaba peor que nunca. Ya no era en los días libres cuando revisaba las grabaciones, estaba yendo todas las noches, cuando el bar estaba cerrado, y se revisaba los vídeos de ambos sistemas. No conseguía cazar al ladrón, pero tenía todo el bar cubierto por cámaras. Me hizo pasar a su despacho a ver algunos vídeos pero no encontrábamos rastros de ningún ladrón. Solamente le faltaba grabar en los baños a ver si se robaban el papel higiénico. Ya me tenía más que harto con sus paranoias.

—¿Por qué no te grabas a ti y averiguas el verdadero problema? —le insinué medio en broma, ya no sabía qué hacer con él.

—Tienes razón, mi despacho no tiene cámara, dame una —pidió con cara de buscador de tesoros que encuentra una nueva cueva.

Pues venga, qué más me da a mí, otra cámara más para el caballero. Este tiene la cabeza totalmente ida, pensaba yo. El tipo puso la cámara en su despacho sin que nadie lo supiera conectada al sistema oculto. En tres días todas sus paranoias se desvanecieron. Me acerqué a la semana siguiente de la instalación de la prodigiosa cámara. Estaba con cara de felicidad y tranquilidad, hacía meses que no se le veía así. En cuanto me vio entrar me dio un abrazo, le pidió a uno de sus camareros una cerveza para mí, él ya tenía una casi llena. Cogió ambos vasos y me dirigió a su despacho, sentándonos delante de sus sistemas de grabación, alcanzándome mi cerveza y chocándola con la suya como si celebrásemos algo. Yo no entendía nada, ¿había pillado por fin a alguien? A su puñetero hijo, el muy ladrón. El cierre de caja lo dejaban en su escritorio en un cajón cada noche. El hijo era el encargado de recogerlo por las mañanas a la apertura del bar y llevarlo al banco a ingresarlo. Tenía que sumarlo y meterlo en un sobre para entregarlo a su banquero de siempre. El muy cabrón estaba perfectamente retratado quitando un fajo cada mañana antes del sumatorio, sisando a su familia a diario. El paranoico tenía un coco prodigioso para las matemáticas, no utilizaba ni ordenadores ni contabilidad, pero sus sumas y el dinero que había en el banco no cuadraban, por eso sabía que alguien le estaba robando. No se esperaba que fuera su propio hijo. A quien no dijo nada ni de las cámaras ni las grabaciones. Se quedó tan a gusto con todo el dinero gastado en chismes, sabiendo quién era el culpable, pero como era su hijo qué más le daba, si ese ladrón se iba a gastar ese dinero antes o después.

En este caso, las atenciones posventa me dieron más ventas por cabezonería y «paranoia». Pero es bien cierto que muchas veces surgen problemas tras la venta y has de atenderlas tan ferozmente como lo hiciste con la venta. Si un cliente te llama con un problema préstale tanta o más atención que la gastada en lograr la venta. Averigua cuál es el problema para poder solucionarlo. Problema tuyo, del producto o del cliente, sea cual sea debes resolverlo o ponerle en contacto con quien se lo resuelva. Mientras no esté todo funcionando correctamente no debes dar por finalizada una venta, ya sea cosa tuya o con ayuda de un técnico o alguien de administración. No te olvides y pases del tema esperando que se resuelva solo, tú serás quien pierda el cliente si no queda todo perfecto.

El servicio postventa es siempre muy importante para conseguir continuidad con los clientes, pero es bien cierto que hay casos y casos.

Conseguí una venta de un equipo carísimo, de los más grandes que había en el catálogo. Un equipo para trabajar con unas máquinas carísimas y mejorar el rendimiento. Según los cálculos debía dar un 23 % más de rendimiento a las máquinas del cliente que se había estirado comprándomelo. Era un cliente nuevo que me llegó por otro cliente satisfecho, en el que con mi producto ganaba un 16 % más de productividad en su máquina. Pero era más que suficiente para él y estaba complacido con su compra, lo iba recomendando por todos lados. Me llegaron mogollón de consultas gracias a su publicidad. Era un equipo bastante caro y no terminaba de cuajar, hasta que llegó este y le encajó. Enseñándome o más bien ayudándome a venderlo.

Para el nuevo cliente y sus máquinas, si le mejorábamos el rendimiento un 23 %, según los datos que nos proporcionó, la inversión estaba rentabilizada en unos cuantos meses. Cuando le presenté la oferta ya nos fuimos de comilona, estaba totalmente convencido de que lo necesitaba y yo necesitaba esa venta para cerrar bien el año, no la iba a dejar escapar.

—Tomemos unas copas —le propuse después de la comida.

A lo que aceptó de buena gana, era un golfo como yo y antes que volverse a trabajar prefería irse de copas conmigo. Ya su compañero de universidad le había comentado lo divertido que era trabajar conmigo (por llamarlo así). Con este acuerdo mejoraría una de sus líneas de producción, lo que le supondría una medalla de las gordas ante su jefe. Con el vino de la comida y las copas siguientes, que por supuesto pagué yo, pasándolo todo a la empresa, obtuve fácilmente el pedido.

El equipo se le sirvió y lo puso a funcionar el mismo día que le fue entregado. Pero la cosa no iba bien, me llamó comentando algunos problemas, no había ningún efecto ni mejora y no entendía por qué.

—No te preocupes, la semana que viene estoy allí y lo vemos —le calmé, cambiando todos mis planes.

Era un equipo importante y tenía que dejarlo niquelado. Me las arreglé para poder ir la semana siguiente allí, era otra ciudad lejos de Madrid pero tenía que ir. Una venta así era muy importante, no podía dejar que todo se resolviera solo, ¿y si no se resolvía? Allí me planté con el otro golfo a ver qué pasaba con el equipo y tratar de ajustarlo. Estuvimos el día entero haciendo pruebas, cambiando configuraciones, tocando de un lado y de otro hasta conseguir un 19 % de mejora de rendimiento nada más. Pero eso no le era suficiente, según la oferta y los cálculos debía dar un 23 %, pero no había forma de alcanzarlo. Al día siguiente seguimos con las pruebas, rehicimos los cálculos, pero no había forma, debía dar un 23 % y no pasábamos del 19 %. Después de todo el día tratando de alcanzarlo sin éxito, tiré la toalla y decidí dejarlo en manos de los expertos que irían en el menor plazo posible. Aunque descontento por la falta de ese 4 %, lo aceptó.

Me parece muy bien si tú estás pensando que debería haber estado más tiempo haciendo pruebas, pero te aseguro que esos dos días toqué todo lo posible en el equipo. Haber estado tú toda la semana, no lo habrías conseguido tampoco. No soy ni el mejor comercial ni técnico del mundo pero sé cuándo debo dejarlo. Y también sé cuándo no debes dejarlo tú, sigue leyendo que ya te queda poco de mi libro.

A la semana siguiente me presenté allí con el director técnico, una eminencia en estos equipos, los había configurado hasta debajo del agua, como quien dice. Había configurado tantos que los menús se los conocía al dedillo, se manejaba rápidamente por ellos sabiendo qué tocar y qué no. Echó un primer vistazo sorprendiéndose gratamente.

—Parece tener la configuración correcta, ¿la has hecho tú? —me preguntó el muy listillo.

Pues sí, me costó dos días pero la dejé clavada o qué te esperabas, solo tú sabes, no te jode. Todo parecía correcto. Comparamos con los cálculos originales y no entendíamos qué faltaba allí. Realizamos unas pruebas y todo parecía funcionar a la perfección, pero no se alcanzaba lo que debía. El cliente estaba poniéndose impertinente y grosero con nosotros, colaboraba poco o nada. Resultaba molesto trabajar así, sobre todo cuando se apuntó su jefe también a la fiesta mintiendo y diciendo que no funcionaba nuestro equipo. Era pleno julio con un calor y una humedad infernales. Después de tanta hostilidad nos escapamos fuera de allí un rato a fumar un cigarrito y desestresarnos.

—El equipo está perfecto —afirmaba el hombre más instruido mientras fumábamos.

Ya, pero no daba lo que debía y no sabíamos por qué. Era todo un puto fracaso, estaba todo correcto menos el resultado y no sabíamos qué más hacer. Estábamos exhaustos de todo, el calor, la humedad, los clientes pesados, su instalación. Solamente podía pensar en tumbarme en la playa con una cerveza bien fresquita en la mano, pero estaba muy lejos de degustarlo. Mientras fumaba imaginándome en la playa con la cerveza saltó supercerebrito:

—¿Su máquina está bien, los datos que dieron son correctos?

Yo qué sabía, mucho que configure lo mío como para tocar lo otro. Pero como él sí sabía de eso también y se había terminado el *piti*, me arrastró corriendo a la dichosa máquina, ni terminar de fumar pude. Se volvió loco mirando todos los indicadores de la *cacharra*. Cogía la hoja de cálculos y volvía a mirar.

—¡Esto no está correcto! —bramó como si me eructara a la cara.

Yo qué coño sabía, no entendía nada. Sacó su ordenador y rehízo los cálculos, dando un 19 % esta vez en lugar de los 23 % iniciales.

—¿Dónde está la cagada? —le pregunté con los huevecillos encogidos, la que había liado, pensaba.

Pero me explicó que los datos que nos habían suministrado no eran correctos, que mirando la máquina y los datos reales de trabajo no se podría superar el 19 %. Nuestro equipo estaba, definitivamente, perfecto al máximo rendimiento, pero el cliente tenía un problema gordo, pues el régimen de trabajo de la máquina no era el que ellos decían y por eso no se podía alcanzar ese iluso 23 %. Esto fue lo que procedimos a explicarles al golfo y a su jefe en un despacho con aire acondicionado, con cara de triunfadores, degustando el placer que se obtiene cuando tienes la razón ante tu novia y no te puede discutir porque no cabe ninguna duda. Este crack se lo demostró llevándolos a la máquina y mostrándoles los valores de los indicadores, boom, zambombazo en toda la cara. Ellos tenían el problema en su máquina, no nosotros, pero daba igual, seguían atacándonos sin pararse ni a mirar el verdadero problema. Los dos enfurecidos nos recriminaban mirar su máquina como si estuviéramos robándoles una patente. No había forma de dialogar en ese momento y era ya de noche.

Nos fuimos al hotel para dormir y volver a la mañana siguiente con ganas de demostrarles que no sabían lo que decían y que la razón estaba de nuestro lado. Nos sentamos los cuatro a chillar como locos, no se entendía nada allí, era una jauría donde se escuchaban incluso insultos personales. Qué momento más lamentable, la tensión se podía cortar con una simple cuchara de tan espesa que era. Yo les informé de que el rendimiento era según los datos de su máquina, al haberme dado datos falsos y estar el equipo según especificaciones de los verdaderos, debían asumir el equipo como correcto. Pero no había forma de que lo entendieran y solamente se acogían a que según la oferta se debía obtener un 23 % y no se estaba llegando. No se podría llegar jamás, el equipo no funcionaba bien y lo iban a devolver. Al final, totalmente extenuado de pegarme con un muro de falsedad e ignorancia, acepté su decisión y devolvieron el equipo. Perdí la venta, pero podía perder la vida o la libertad de seguir hablando con aquellos dos...

Esa fue la única vez que dejé algo sin resolver perdiendo la venta y el cliente, no lo hagas tú. Busca una buena solución siempre con tus clientes, no dejes que quede sin resolverse. Aunque si te encuentras en la tesitura como la que yo que viví, anda y que les den.

De cliente a colega

Colega, qué gran palabra, todo lo que significa es siempre bueno. «Quien tiene un amigo tiene un tesoro», realmente cierto y sabio. ¿De dónde se reciben las mejores ayudas? De familiares y amigos. Y no me refiero a cuando estás jodido por una piba o cuando has perdido en un partido, sino en el mundo laboral también. Yo espero que con mi familia y amigos se venda la primera edición de este libro; sí, claro, tengo muchos amigos y conocidos. ¿Esperabas que te lo regalara? Son unos pocos euros, gástalos, la de copas que te habré invitado para que no aflojes un poco de pasta en mi libro. Qué mal amigo si no lo has hecho de buena gana por leerlo.

Mis familiares y amigos habréis llegado hasta aquí por eso, sois familia y amigos. Y el resto, joder, el resto que hayáis leído hasta aquí, me hacéis muy feliz, no esperaba conseguirlo, pero si habéis leído hasta aquí es que os habrá gustado o enganchado, es genial para mí. Pero seréis familia o amigo de alguien y sabréis lo que voy a explicar.

El mayor apoyo vendrá siempre de estos. Son las personas en tu vida que hacen posible que sonrías todos los días, que quieras seguir adelante con ganas de hacer cosas, incluso trabajar, aunque no sea mi caso. Trabajas para tener dinero y poderlo gastar con tu gente, cenando, comiendo, tomando unas copas o incluso de viaje, no todo es comer y beber. Pero con dinero o sin él, estar con ellos y disfrutar la vida con tu gente, pasar buenos momentos, es lo que te hace feliz. Incluso también se puede lograr con los que no son tu gente.

En cuanto a las ayudas de familiares o amigos en el mundo laboral, los enchufes, son siempre bienvenidos en cualquier caso, te vayan las cosas bien o mal. ¿Quién no ha tenido un primer trabajo gracias a un familiar o ha conseguido un puesto por un amigo? Esa ayuda es siempre un placer, luego conseguirás demostrar lo que vales y quién eres, pero un poco de colaboración es muy de agradecer. No es que el puesto esté mal cubierto, pero si es por alguien conocido... ¿por qué no recomendarlo y ayudarlo? Debes aprovechar las ventajas para entrar, deberás luego responder a la ayuda obtenida. Un buen profesional lo hará y demostrará que por algo fue recomendado. En casi todos mis trabajos entré por algún familiar o amigo, y me siento muy orgulloso de ello. Allí donde estuve traté de hacerlo siempre lo mejor posible, lo lograra o no. Pero, en agradecimiento a esa persona, me rompía el culo para dar el máximo en mi labor.

Mi labor viajando por Sudamérica comenzó cuando un día me preguntó un amigo:

—¿Sabes vender este producto?

—Ni puta idea —contesté.

—¿Aprenderías? —volvió a insistir, por no buscar otro empleado.

—¿Gastos pagados? —le pregunté afirmando mi respuesta.

Lo que confirmó a su vez. Pues hecho, ya tenía energúmeno que mandar al otro lado del charco a vender un producto que ni había pensado que podía existir jamás. Pero era un colega que me ofrecía un trabajo bien pagado. Él tendría un currito loco y yo un puesto laboral donde viajar, no había nada que perder, él necesitaba y a mí me molaba, a currar duro y a aprender. Dos colegas trabajando juntos, qué buena época. Si no hubiera sido su amigo nunca habría pensado en mí. Por aquel entonces mi gremio era muy distinto, comercial pero productos separados por océanos de tecnología desconocida por mí. La aprendí gracias a los clientes y a mi desparpajo. Hablando y escuchando a esos clientes, de productos tan desconocidos para mí, aprendí mucho de cómo venderlos. Así llegué a consagrarme como el Gallego Corrupto, colaborando y ayudando a los distribuidores de Sudamérica con unos productos que no conocía y que ahora domino. De una amistad a una profesión.

Ni que decir tiene que lo mejor fueron los grandes momentos que ese trabajo me dio, la experiencia de nuevos mundos, diferentes formas de realizar una labor comercial. Tan diferente de un país a otro, pero a la vez tan llena de profesionalidad, para llenar el alma de un comercial autóctono. Del comercial español al argentino, aprendiendo del colombiano, chileno, peruano, ecuatoriano, cubano, etc. Enriqueciendo mis puntos de vista de cualquier negociación allí donde me encontraba. Aprendiendo a adaptarme a los diferentes clientes y sus culturas, ni mejores ni peores, todas enriquecedoras en lo personal y en lo profesional para mí.

En sentido contrario también se dan. Seguro que a ti te ha pasado, ¿no tienes un amigo que comenzó siendo un compañero de trabajo? Pues en el mundo de los comerciales pudo ser un cliente en lugar de un compañero. Yo tengo muchos, comenzaron como clientes y ahora son grandes amigos.

No debes tener miedo a entablar amistad con tus clientes. Por favor, no cometas el error de pensar que no puedes pasar esa franja de lo que es laboral e involucrarte sentimentalmente. Que no te digo que tengas que tener relaciones con clientes o clientas. Yo lo hice, y espero seguir haciéndolo, es divertido y agradable. No solo las sexuales, mal pensado, me refería a relación de amistad, pero que sepas que yo sí, he tenido relaciones sexuales con clientas.

Cuando un cliente pasa a ser algo más, tú también dejas de ser un comercial, eres algo más. Esto te bonificará más que a cualquier comercial de la competencia. Volarás a un nivel superior que el resto de comerciales, ningún otro obtendrá tanta información ni ayuda como la que se puede obtener de un familiar o amigo. De un plumazo tendrás el doble de puntos en tu producto ante la competencia.

Un coleguita te defiende ante una ruptura con una pareja, aunque sea culpa tuya, ¿qué no hará laboralmente?

—Era lógico que le pusieras los cuernos, se lo merecía. Pero no te preocupes, el pedido ya te lo pasamos hoy mismo —te pueden llegar a decir, por ser un cerdo vago, la cagas con tu piba y encima te gratifican con un pedido por parte de un colega, no puedes pedir nada mejor.

Esa gente es tu tesoro. Podrás ser un calavera total, pero si estás bien rodeado te mantendrás como un trabajador de verdad.

Bueno, esto es un ejemplo exagerado, no vayas a ir ahora de jeta por la vida por dos palabras de mierda que yo he escrito. Solamente quería reflejar hasta qué punto puede llegar la amistad, pero no te pases, que al final pierdes los amigos.

—Encima que me tiro a tu novia para demostrarte lo zorra que es, me echas de la empresa. Menudo jefe de mierda y mal amigo desagradecido.

No esperes decir eso a nadie, no seas tan capullo. Molaría, sí, pero ni trabajo ni amigo tendrías.

Espero que entiendas el paso siguiente a tener un buen cliente, tener un amigo. Un buen cliente ya es un paso muy importante en tu carrera profesional. Piensa que si de un cliente a largo plazo logras tener un amigo será un gran beneficio para ti y para la compañía en que trabajas. Para conseguir pasar de cliente a amigo, has de estar pendiente siempre de él y de las necesidades de su empresa. Atenderle, colaborarle y solucionarle deben ser tus prioridades tanto como lo es para una madre su hijo recién nacido. Nunca le falles, y si lo haces, desvívete por solucionarlo tan urgentemente como puedas. No le vendas nada que no sea útil, por muy necesitado de pedidos que estés, podrá dejar de ser tu amigo. No te olvides de él ni de su empresa, comenta de su trabajo no de tus historias o se olvidará de que eres su comercial-amigo, y querrá solo un amigo sin hablar del trabajo. Sé consciente de que es más que un amigo, lo que con un amigo sería un enfado y tiempo sin hablar, sobre todo para mujeres, en este caso no puede ser y debes ser más *polite* (para los de la LOGSE: políticamente correcto) y permisivo en dejar pasar comentarios o malas formas. Debes saber diferenciar entre los momentos en que eres un profesional y los que eres un colega, disfrutarás ambos si eres consciente de todo ello. No pretendas que por ser amigo ya debe ser el mejor cliente. Sé consciente de que tú tampoco eres el mejor comercial. Tendrás información privilegiada que deberás utilizar correctamente. No tienes el trabajo ya hecho sin más por muchos amigos que tengas.

Entiende bien lo que te he dicho, no vayas ahora buscando hacerte coleguita de todos tus clientes esperando no pegar un palo al agua nunca más. Yo no he dicho eso. Hay clientes que no podrán ser amigos nunca, por diferentes motivos, edad, sexo, ideas políticas, lo que sea. Yo te digo que no te pases si has conseguido que sea un amigo, eso no le obliga a comprarte, pero si sacarás más ayuda e información que de un cliente sin más.

Cuando el cliente es tu amigo, te favorecerá por encima de la competencia. Pero no debes exigirle, existirán situaciones en que no pueda. Has de ser comprensivo y no egoísta. La amistad es cosa de dos, ha de ser recíproca. No esperes que por ser amigos podréis saltaros todas las reglas de la venta y negociación. Al ser amigo te brindará más ayuda, pero él tiene su trabajo y tú el tuyo.

Sé buen profesional, buen amigo, familiar cariñoso y disfruta de la vida, tanto dentro como fuera del trabajo.

Espero que mis consejos te ayuden, mis anécdotas te diviertan y este libro te haya entretenido. Pero sobre todo espero que lo recomiendes o lo regales a alguien a quien pueda ayudar en su vida laboral o divertirle en la personal. Ojalá hayas disfrutado de algún rato agradable leyéndolo.